JN278850

司法崩壊

あなたが裁判員を強いられる理由

亀井洋志
KAMEI Hiroshi

WAVE出版

はじめに

〈進むべき道はただ一つ。

ひたすら謝ること。生かされていることに感謝すること。そのことを踏まえた上で、これ以上の罪を生まないように努めること。罪へと突き進む人に対しては、惜しむことなく受け止めること。なにがあっても、最後まで死ぬ日まで「すみませんでした」と言って貫き通したい。

その心がけがなくなってしまうとき、くじけてしまったとき、その時こそが本当の意味において死なのです〉

一九九九年に発生した山口県光市の母子殺害事件で、当時少年だった被告が書いた手紙である。二七歳になった少年は、ある受刑者に宛てて贖罪《しょくざい》の思いを綴っている。こうした少年の一面が、メディアで報じられることはきわめて少なかった。

裁判の過程では、「ドラえもん」「死者復活の儀式」といった言葉ばかりが取り沙汰され、社会に憎しみの感情が渦巻いた。その矛先は少年ばかりではなく、彼の弁護人に対しても向けられた。被告人を敵視し、極刑を要求する世論は高まるばかりであった。

主任弁護人を務める安田好弘弁護士は、社会に蔓延する厳罰化傾向を捉え、こんな感想を漏らした。

「裁判員制度の危険性を見る思いがした。刑事裁判は事実に基づいて法律が適用されなければならないが、感情に支配されることになる。より強硬で、より敵意を持っている人間の声が大きくなり、裁判員法廷は〝報復の場〟となる恐れがある」

まもなく始まる裁判員制度は、事実認定と有罪・無罪の判断ばかりか、どのような刑罰を下すのが適当かを決める「刑の量定」まで判断することになる。従って、事実関係に争いのない自白事件も裁判員裁判の対象になる。しかも、裁判官と裁判員が協働する評議は全員一致ではなく、単純多数決だ。それゆえ、一部の〝大きな声〟に引きずられる危険性は高い。

二〇〇七年六月には、犯罪被害者等の刑事裁判参加制度を含む「犯罪被害者等の権利利益の保護を図るための刑事訴訟法の一部を改正する法律」が成立した。この制度によって、被害者や遺族が検察官と同席し、刑事裁判の審理に参加することが可能になった。被告人や証人に直接質問し、量刑にまで意見を述べることができるようになった。

裁判員制度は殺人や傷害致死など重大事件を扱うだけに、被害者や遺族の感情は峻烈である。一般の市民である裁判員は被害者感情に流されてしまい、事実に基づく冷静な判断ができなくなってしまう恐れもある。

判決には、裁判員も立ち会うことになる。裁判長が死刑を言い渡す時、私たちは被告人を直視することができるだろうか。

「市民の司法参加」などを検討するため、一九九九年七月、小渕恵三内閣によって「司法制度改革審議会」が発足した。当初、日本弁護士連合会（日弁連）が主張していたのは、陪審制度の導入だった。陪審制度は、市民は事実認定と有罪・無罪の判断をするだけで、量刑までは判断しない。評議も一二人の市民だけで行う。裁判員は法律に精通した裁判官とともに、死刑を含む重刑の量定ばかりに当たることになる。陪審制であれば、私たちは過重な負担を感じないで済んだのではないだろうか。

一方、最高裁が提案していたのは「評決権なき参審制」だった。

参審制とは、ドイツやフランス、イタリアなどヨーロッパ諸国で行われている制度である。国によって異なるが、評議は少数の裁判官と市民で構成されている。例えば、ドイツでは裁判官三人、参審員二名の構成となっている。参審員は専門家など一定の資格要件を持つ人のなかから選ばれ、事実認定から量刑の判断まで関与する。

裁判員は一般市民から無作為抽出で選ばれる。こうして見ると、裁判員制度は選任方法は陪審制度と同じだが、権限においては参審制に近い。早い話、最高裁と法務省、日弁連による妥協の産物だったのである。

わが国の被疑者・被告人の手続的な権利は、他の先進国にくらべて劣っている。先に改められるべきことが山積しているのに、いきなり裁判員制度を導入したのである。

日本の刑事司法はどこに行くのだろうか。

司法崩壊——あなたが裁判員を強いられる理由◉目次

司法崩壊

——あなたが裁判員を強いられる理由

装幀　奥定泰之

第1章

裁判員制度はインチキである

あなたが座る八万円の椅子

二〇〇九年五月までにスタートする裁判員制度は、裁判員に選ばれた市民が裁判官とともに評議を行う。評議の人数構成は裁判官三人、裁判員六人である。または、事件によっては裁判官一人、裁判員四人になる場合もある。裁判員が関与するのは、地方裁判所で開かれる第一審の裁判である。裁判員法廷は概ね左図のような配置となる。

全国の地方裁判所では裁判員法廷や評議室の新設工事、あるいは従来の法廷を改修する工事が行われている。当然、これらの工事や備品の整備には莫大なカネがかかる。

〇六年度および〇七年度予算における裁判員関連の施設の整備や、法廷などに使用される器具類の総額は、約一八五億八三〇〇万円に上っている。興味深いのは裁判員らが腰掛けるイスの値段で、この二年間の総額で一億三〇〇〇万円かけて調達している。イスの単価は裁判官と裁判員が同額の八万二〇八七円、検察官と弁護人が同額の六万四九八〇円、被告人席は四万五一二五円となっている。裁判官・裁判員席と検察官・弁護人席に差をつける理由もわからないが、被告人席の〝安さ〟が気になるところである。

また、人気タレントを起用するなど、広告宣伝費にも莫大な予算が投入されている。司法制度改革タウンミーティングにおいて「やらせ問題」も発覚しているが、新聞社が裁判員制度のタウンミーティングにサクラを動員する一方で、「パブ記事」を掲載し、多額の広告掲載料を得ていた実態が暴露された（魚住昭「最高裁が手を染めた『二七億円の癒着』」、月刊『現代』二〇〇七年四月号、講談社）。

　こうした広報予算をめぐって、広告代理店と不適切な「さかのぼり契約」を結んでいたことが発覚し、最高裁は〇七年一二月、契約当時の事務総長や経理局長らを注意処分している。最高裁とメディア、広告代理店が癒着しての裁判員制度の広報宣伝活動にも、あまり効果は見られないようだ。

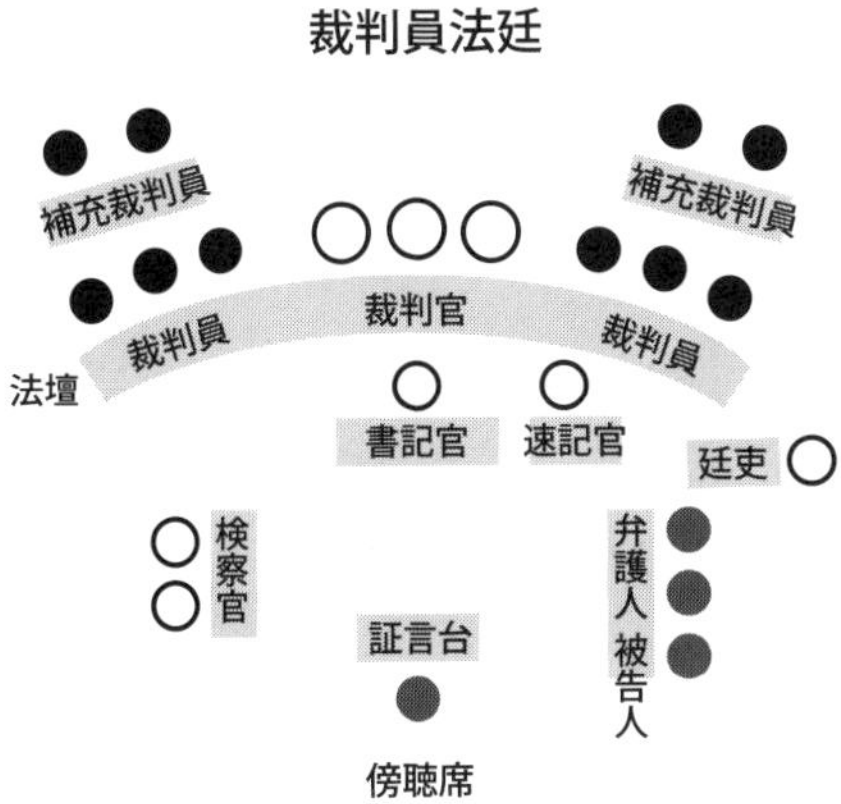

　内閣府の調査によれば、裁判員制度について「知っている」と答えた人は八〇・七％に上り、認知度においては成果が得られているようである。しかし、裁判員制度における刑事裁判に「参加したい」は五・六％、「参加してもよい」は一五・二％にとどまっている。一方、「あまり参加したくないが、義務であるなら参加せざるを得ない」は四四・五％、「義務であっても参加したくない」は三三・六％と、八割近くが参加に消極的なのである。
　参加に不安に感じる点については（複数回答）、「自分たちの判決で被告人の運命が決まるため責任を重く感じる」が六四・五％、「冷静に判断できるか自信がない」が四四・五％、「裁判の仕組みが分からない」四二・〇％、「専門家である裁判官の前で自分の意見を発表できるか自信がない」が四〇・五％、などとなっている。

量刑判断と守秘義務という重責

裁判員制度が不人気なのは、事実認定と有罪・無罪の判断ばかりか、量刑まで判断しなければならないからだろう。

裁判員裁判の対象となる事件は、殺人や放火など死刑・無期懲役・禁固に係る罪、法廷合議事件で故意の犯罪行為によって被害者を死亡させる傷害致死、危険運転致死などの罪に係る事件である。つまり、重罪事件ばかりで、今後死刑事件はすべて裁判員法廷で裁かれることになるのである。評決にあたっては全員一致を目指す努力が払われるのかもしれないが、どうしても一致しない場合は、単純多数決で決められる。ただし、過半数になっても、裁判官と裁判員が必ず一名入っていなければならない。判決には裁判官とともに立ち会うことになる。

アメリカやイギリスで実施されている陪審制度では、事実認定と有罪・無罪の判断だけを行い、陪審員一二人（ないし六人）の全員一致が原則である。言うまでもなく、被告人に罪を問う場合、それだけ慎重さが求められるということである。

しかし、日本の裁判員裁判では被告人が無罪を主張している死刑事件で、有罪と判断されれば、単純多数決で死刑が決められる可能性があるのだ。重大事件ばかり審理することになり、市民にとてつもない重圧を課す制度なのである。

しかも、市民は刑事罰を受ける可能性を覚悟までして、裁判員法廷に臨むことになるのである。

すでに多くのメディアや法律家によって疑問視されているのは、「裁判員の守秘義務」である。公開の法廷での供述などと異なり、評議の場での裁判官や裁判員の意見、評議の経過などは「評議の秘密」とされ、職務上知り得た秘密を漏らすことが禁じられている（裁判員法第九条二項）。

この守秘義務違反をすると六月以下の懲役または五〇万円以下の罰金に処せられる。裁判中のみならず、事件が確定した後も、永遠に口をつぐまなければならない。

評議において、裁判官の指示や進行に問題があっても、冤罪の疑いを抱いたとしても、評議の内容をマスコミなどに明かすことを禁じられているのである。一方、裁判官は、裁判所法で「評議の秘密」を義務づけられているものの、罰則などないのである。

陪審員が評議の内容をテレビのインタビュー取材などで堂々と喋っているのとは、あまりにも対照的である。

それればかりではない。市民は裁判員選任手続きにおいても、裁判長による面接でプライバシー侵害ともいえる質問を受け、虚偽の回答をするとやはり刑事罰を受ける可能性まであるのだ。

選任基準は警察への信頼と死刑の是認

裁判員の選び方は、まず衆院選の選挙人名簿から、地方裁判所が無作為に抽出して「裁判員候補者名簿」を作成する。その名簿から事件ごとに候補者をくじで選んでいく。市民は、原則的に辞退できないことになっているが、七〇歳以上の高齢者や重い疾病や障害を抱えている人、家族の介護をしている人などは辞退が認められる。

通常の事件で仮に五〇人が選ばれれば、候補者として裁判所に呼び出され、裁判員六人と補充裁判員（裁判員が病欠した時などの代役）の選任作業が進められる。不公平な裁判をする恐れがあると判断された場合、裁判官が選任しないことになっている。また、検察官と弁護人もそれぞれ四人まで、理由を述べずに忌避することができる。

選任方法は、①審理する事件の被告人や被害者と知り合いなど関係はあるか　②家族など身近な人が今回の事件と同じような被害に遭ったことがあるか　③事件のことを報道などを通じて知っているか――などを書面で質問を受ける。

しかし、裁判官や検察官、弁護士が立ち会った個別面接では、「警察に対する信・不信」

や「死刑を選択できるかどうか」も確認されるのである。その回答によっては「不公平な裁判をするおそれ」があるとして、忌避される可能性もあるというのだ。

警察官など捜査官の証人出廷が予定されている裁判では、「あなたには、警察等の捜査は特に信用できると思うような事情、あるいは逆に、特に信用できないと思うような事情がありますか？」と質問を受ける。裁判員候補者が「はい」と答えるとその理由を聞かれ、「そのような事情があっても警察官等の証言の内容を検討して公平に判断することができますか？」と質される。

また、殺人事件など死刑が適用される可能性のある事件では、「『死刑又は無期若しくは×年以上の懲役に処する』と定めています。今回の事件で有罪とされた場合は、この法律で決まっている刑を前提に量刑を判断できますか？」と問われる。候補者が否定すると、「今回の事件の裁判で、証拠によってどのような事実が明らかになったとしても、評議においては、絶対に死刑を選択しないと決めていますか？」と重ねて質問を受けることになる。

衆議院議員の保坂展人代議士（社民党）が、こう批判する。

「明らかに個人の思想信条の自由に立ち入った質問であり、思想チェックに等しく憲法違反です。鹿児島の志布志事件や富山事件など冤罪事件が発生しているし、警察不信を抱いている人もいるでしょう。死刑制度に対してだって、強く支持する人もいれば、絶対反対の立場の人だっています。それこそ本当に公平な立場でさまざまな意見を持った人々を選ぶことになるのでしょうか。実際は、警察に不信感を持っている人や、死刑反対の立場の人を除外するためではないか。しかも、忌避されたくないために、虚偽の回答をすると、刑事罰を受ける恐れまであるのです」

○七年五月三〇日の衆議院法務委員会で保坂氏は、最高裁の小川正持・刑事局長と、長勢甚遠法相（当時）に質している。

保坂――刑事局長、この裁判員制度の仕組みでは、例えば、あなたは警察官の捜査を信用できますかと聞かれて、本当は余り信用していないんだけれども、信用していないと言うと忌避されるかもしれないと思って、「大体信用しています」と言うと、何か罰則とかありますか？　これは虚偽だというふうに断定されたときに、過料を科されるということはありますか？

小川刑事局長――虚偽の陳述をしてはいけないということになっておりまして、それについて、若干の制裁がございますが、まさにご指摘の点がその虚偽の陳述に当たるとされるかどうかという問題であろうと思います。三〇万円以下の過料となっております。

保坂――最後に法務大臣、「警察官の捜査を信用していますか」ということを裁判員の候補者が尋ねられて答える、それは、今言ったように、虚偽の陳述をしたら三〇万円以下の刑罰（正確には五〇万円の罰金あるいは三〇万円の過料）もかかわっているという中で、これを開陳しなければいけない、内心を明かさなければいけないというのは憲法違反ではないですか。どう思いますか、この内心の自由との関係をどう整理しますか？

長勢――裁判官の方の質問の仕方にもよるかもしれませんけれども、公平な裁判をするための裁判員を選任するときに、そういうようなことを聞くことを排除するという必要もないのではないかというふうに思います。

こうした思想調査的な質問も裁判員の選任時において判断材料とされるばかりか、裁判員になりたいがためにウソをつけば刑事罰の対象になるということなのだ。さらに、議事録を読み進めよう。

保坂――例えば死刑判決、死刑という制度について、国民の間にはいろいろな「当然だ」という意見もありますし、また、「これはよくないのではないか、自分としてはそういうのに与したくない」という人もいますよね。これが裁判員候補者の選任手続の中で、裁判長が行う質問の中で、「捜査官の捜査の信用性について」、そして「死刑」についての考え方が文例として出されました。これまで、司法制度改革や裁判員制度の設計の中で、憲法上の内心の自由との関係でこの点は議論されたんでしょうか。裁判所の認識はどうですか？

小川――委員ご指摘の、裁判員の選任と憲法上の内心の自由というか思想、良心の自由については、憲法上の権利を侵すこととなるような義務づけを行うことは許されないということは承知しております。

保坂――それは余りにも簡単過ぎる答弁で、結局、その方がどのような内面の思想を持っているのか、信条を持っているのかということに触れた質問に対して、全部吐露しなかった場合、虚偽の陳述に当たるのかどうかという論点もあるわけです。ここを今、裁判所はどう考えているのか?

小川――不公平な裁判をする恐れがあるかどうかという観点から、選任手続において裁判所がいろいろな質問をするということになるわけですが、このときに、実際にどういう事項を質問して、それに対する答えについてどのように考えるかというのは、個別の裁判体の判断でございますので、これは私どものほうから申し上げることではないと思います。

個別の裁判所の判断ならば、わざわざ例文を作る必要などないだろう。まったく説明になっていない。

裁判員の負担軽減の建前の裏で

裁判員制度は裁判員になる市民に対する締めつけだけではなく、被告人の権利を侵害する制度でもある。

裁判員制度の導入を前提として、公判前整理手続が〇五年一一月から始まっている。初公判前に裁判所が主宰し、裁判官と検察官、弁護人の法曹三者が非公開で協議し、公判での争点を絞り込む手続きが行われる。被告人にも通知されるが、出席する義務はない。公判前整理手続では、まず検察官が証明しようとする事実を明らかにして、証拠を開示する。被告・弁護側もその事実を争うかどうかを明らかにし、主張する事実、証拠を明らかにしなければならない。裁判所は採用する証拠や証人、公判日程を決定することになっている。

初公判前に争点整理と証拠決定し、明確な審理計画を立てたうえで裁判の迅速化を図ろうというものだ。また、公判と公判の間に同様の作業をするのが、期日間整理手続だ。公判が始まると集中審理、連日開廷が原則となっている。仕事や家庭を抱えた裁判員の負担を軽減するという建前でもある。もちろん、裁判は速いに越したことはない。

しかし、公判前整理手続終了後は、検察側および被告側は「やむを得ない事由によって公判前整理手続において請求することが出来なかったもの」を除いて、公判では原則的に新たな証拠請求ができなくなる。

しかし、検察側は公判前整理手続までに、強制力を持って充分な捜査時間があるのである。訴追側と被告側がそもそも対等であるはずがない。公判段階で新たな証拠調べを制限することは、被告人に不利に働くケースが多くなるのは当然だ。被告人は〝人質司法〟により長期間勾留されているケースが少なくなく、訴訟準備が阻害されているのが現状だからだ。そのうえ、拙速に証拠決定してしまえば、冤罪の温床になることは目に見えている。検察側は有罪を証明する証拠固めを完了しており、裁判官は有罪心証を抱く可能性は高まり、起訴状一本主義・予断排除原則は踏みにじられることになる。公判前整理手続と裁判員裁判を担当する裁判官は、同一の裁判官だからだ。

裁判員裁判に〝調書裁判〟からの脱却が期待する声も少なくないが、石松竹雄・土屋公献・伊佐千尋編『えん罪を生む裁判員制度――陪審裁判の復活に向けて』（現代人文社、二〇〇七）はこう指摘している。

〈公判では、公判前整理手続のある場合にはこの手続において、裁判官は、まず検察官から提出された証拠をほぼ全部採用し、この証拠によって、有罪の心証を得ることになるであろう。これはルーズな証拠採用の然らしめる結果であり、日本の刑事裁判は、「調書裁判」といわれ、「公判廷は捜査の引継ぎ場所」といわれるのである〉

ある拙速裁判の結末

ここで、公判前整理手続に付したケースで、近年の厳罰化傾向を象徴したような事件を紹介する。

ある弁護士は、担当していた刑事事件の被告人に予想外に重い判決が言い渡され、ショックを隠し切れなかった。

「殺人事件とはいえ、情状されるべき点が多い事件でした。懲役一七年の判決はどう考えても重過ぎます。量刑がここまで重罰化しているのかと、驚かざるを得ません」

刑事弁護に熱心に取り組む弁護士にそう言わしめた裁判とは、どのようなものだったのか。事件は複数の男性どうしのケンカから始まった。その概要を説明する。

〇七年二月初旬の夜、岩田哲（三三歳＝仮名）は繁華街で、友人ら三人とともに飲んでいた。うち二人は日付が変わった午前〇時半ごろ帰宅した。岩田たちは店先に出て、二人を見送った。店に戻ろうとすると、ビル内で男たちが言い争っている場面に遭遇する。

ケンカをしている片方の男は、岩田の知人だった。彼は泥酔した男性に絡まれ、暴行を受けて逆上していた。岩田は知人を助けようとして仲裁に入ったところ、相手の男性から腕を払われたうえ、文句を言われた。カッとなった岩田は知人とともに、この男性に対して殴る蹴るの暴行を働いてしまう。

相手の男性は床に倒れたが、そのまま店に戻ると再度トラブルになりかねないと思い、岩田たちはその場から立ち去ることにした。少し離れた店で飲み直そうとしていると、携帯電話が鳴った。最初に飲んでいた店の従業員からだった。

さっきのケンカ相手が、あなたたちを探している、仲間を集めて報復するつもりだ、拳銃も用意しているみたいだから早く逃げろ、と緊迫した声で伝えてきた。

身に迫った危険を感じた岩田たちは、店から逃げ出すことにした。相手が拳銃を持っていると聞いたので、護身用に店のキッチンから大小二本の包丁を持ち出した。岩田は以前にも繁華街で拳銃を向けられた経験があり、その時の恐怖が鮮明に甦った。

店を出て行き先も考えず歩いていると、先ほどのケンカ相手と運悪く出くわしてしまった。多数の者たちが集結しており、拳銃を隠し持っていると思った。岩田は白い服の男性（当時二六歳）と向き合う形になった。周囲の人間たちに拳銃で撃たれると思ったが、もはや逃げられるような状況ではない。岩田は白い服の男性ともみくちゃになっているうちに、包丁で背中やわきなど三ヵ所を刺してしまう。

〝敵〟が慄《おのの》いている隙に、岩田たちはその場から逃れた。友人のマンションで一夜を明かした翌朝、相手の男性が亡くなったことを知らされた岩田は、強い衝撃を受けてうろたえた。事件から数日後、岩田は警察に自ら出頭することにした。

その後、相手から拳銃は発見されなかったが、事件の経緯からすれば岩田の思い込みも一方的には責められない。

公判では「計画性」が争われ、弁護側は殺意を否認し、また、誤想防衛あるいは誤想過剰防衛が成立する、と主張した。しかし、包丁を持ち歩いていたことで、計画的な犯行だったとして、殺意を認定されてしまったのである。検察側は懲役二〇年を求刑。一審が下した判決は、懲役一七年というものだった。

最初のケンカが相手からの挑発で始まったうえ、岩田たちは拳銃での報復を示唆する電話を受けた後も場所を移動するなど回避行動も取っている。自首してからも取調べに真摯に応じるなど、反省、改悛の情も深い。何より、被害者の遺族への慰謝の気持ちが強く、岩田は妻と幼い子どもと暮らしていた自宅を売却し、二千数百万円を用意して呈示し、判決前に供託した。確かに、判決は重過ぎるという印象が拭えない。

この裁判は、公判前整理手続の適用事件となったが、その弊害が見受けられる。

担当弁護士が語る。

「この事件は昨年(〇七年)三月に起訴されましたが、通常であればその一ヵ月後ぐらいには初公判を迎えますよね。しかし、五月から裁判官と検察官との打ち合わせが五回にわたって行われ、半年以上経ってから、ようやく正式な公判前整理手続が始まりました。

その間、被告人には何も通知されないままでした。接見禁止も付いていました、もちろん、私たち弁護人は小まめに報告していましたが、公判前整理手続という制度には疑問を抱かざるを得ません。確かに請求に応じて検察側の証拠もたくさん開示されましたが、やはり、被告人を置き去りにしているように思えます。

私たちは被告人から慰謝料を預かっていましたが、手続中、検察官は遺族感情が強いという理由で、ご遺族の連絡先を教えてくれませんでした。一二月に初公判が始まってから、ようやく連絡が取ることができました。判決日に受領されたので被告にとっては、情状面で有利な証拠になるはずです。しかし、公判が始まってからの証拠請求ということで、採用してくれなかったのです。弁護側は被告人質問で慰謝料のことを尋ね、何とか補いました。判決文にも斟酌すべき事情として触れられていますが、刑の重さを考えると実際には考慮されているとは思えません」

推定有罪——失われた刑事裁判の根本原則

英米で実施されている陪審裁判では、裁判官が陪審員に対して、審理の冒頭と審理後に、公開法廷で「説示」を行う。素人の市民に刑事裁判の原則を説くのである。事実認定の方法や審理の進行に関する説明ばかりでなく、「無罪推定原則」や「合理的疑いを超える証明」を陪審員たちに正しく理解してもらうために行われる。

伊藤和子弁護士は〇四年にニューヨーク大学ロースクールの客員研究員として留学した経験から、著書『誤判を生まない裁判員制度への課題』（現代人文社、二〇〇六）でアメリカの刑事司法改革についてレポートしている。そのなかで、ニューヨーク州の陪審裁判における裁判官の陪審員に対する「説示」を紹介しているので、その前半部分を引用する（伊藤弁護士・訳）。

〈私たちはいま、刑事裁判のすべてに適用される根本原則、「無罪推定」「証明責任」「合理的な疑いを超える証明」について考えなければなりません。

刑事手続を通じて、刑事被告人は無罪と推定されます。その結果、あなたたちは、この法廷に提出された証拠に基づいて、検察官が被告人の有罪について合理的な疑いを超える立証をしたとの結論を出さない限り、被告人を無罪と評決しなければなりません。

検察官が被告人の有罪について合理的な疑いを超える証明責任を果たしたかどうか決めるために、あなたたちは、検察官と被告人から提出された全ての証拠を考慮にいれることができます。

しかし、よく覚えておいていただきたいのは、被告人が証拠を提出した場合でも、証明責任は検察官にあることです。被告人は、彼や彼女が無実であることを証明する必要はありません。その反対に、検察官は、合理的な疑いを抱く余地がない程度まで被告人の有罪を証明する責任があるのです。検察官が被告人が犯人であること、そして犯罪の全ての要素一つひとつについてそれぞれ合理的な疑いを抱く余地がない程度まで検察官が証明しない限り、あなたは被告人を有罪とすることができないのです。

この立証責任が、検察官から被告人に転換することは絶対にありません。もし検察官が証明に失敗したなら、あなたは被告人を無罪と判断しなければなりません。もし検察官が証明責任を果たした場合、あなたは被告人を有罪と判断しなければなりません〉

一方、日本の裁判員裁判では、裁判員が「説示」を受ける機会を保障していない。非常に曖昧な表現ながら、この説示に該当すると思われる条文は、裁判員法三九条〈裁判長は、裁判員及び補充裁判員に対し、最高裁判所規則で定めるところにより、裁判員及び補充裁判員の権限、義務その他必要な事項を説明するものとする〉である。

最高裁がここでいう〝説明〟の例を発表しているので、記しておこう。

〈裁判は被告人が起訴状に書かれている犯罪を本当に行ったかどうかを判断するために行われます。

その判断を行うために、検察官と弁護人から証拠が提出されますが、被告人が有罪であることは、検察官が証拠に基づいて明らかにすべきこと、つまり証明すべきことになっています。ですから、検察官が有罪であることを証明できない場合には、無罪の判断を行うことになります。

被告人が有罪か無罪かは、法廷に提出された証拠だけに基づいて判断しなければいけません。新聞やテレビなどで見たり聞いたりしたことは、証拠ではありません。ですから、そうした情報に基づいて判断してはいけないのです。また、検察官や弁護人は、事実がどうであったか、証拠をどのように見るべきかについて、意見を述べます。これも裁判員の皆さんと裁判官の判断の参考にするために述べられるのであって、証拠ではありません。

証拠としては、例えば、凶器などの証拠品、現場見取図などの書類、証人や被告人の話があります。証人や被告人から話を聞く際には、裁判員の皆さんにも質問の機会があります。もし質問があるときは、その機会に私に申し出てください。

法廷での手続が終わると、裁判員の皆さんと裁判官は、被告人が本当に起訴状に書いてある罪を犯したのかどうかを判断します。

過去にある事実があったかどうかは直接確認できませんが、普段の生活でも、関係者の話などをもとに、事実があったのかなかったのかを判断している場合があるはずです。ただ、裁判では、不確かなことで人を処罰することは許されませんから、証拠を検討した結果、常識に従って判断し、被告人が起訴状に書かれている罪を犯したことは間違いないと考えられる場合に、有罪とすることになります。逆に、常識に従って判断し、有罪とすることについて疑問があるときは、無罪としなければなりません〉

伊藤和子弁護士が比較した感想を語る。

「アメリカの陪審裁判の説示が、無罪推定原則や検察官の立証責任を充分に陪審員に周知させているのにくらべ、裁判員裁判の説明は何とも心もとないですね。裁判員に対してもしっかりとした説示をするべきです。説示は、裁判官と裁判員だけの密室の評議室ではなく、検察官も弁護人も立ち会った公開の法廷で行われなければなりません」

裁判官の説示が不適切であった場合には、控訴の理由になるという。

なお、最高裁の「説明」の例示には、「合理的疑いを超えた証明という用語や意義の説明は、裁判員の理解が得られにくく得策ではない」としている。だからといって「疑わしきは被告人の利益に」という、誰でもわかる用語が使われているわけでもない。これまでの官僚裁判官による裁判と同様、「無罪推定原則」からは程遠いのである。

確かに、「合理的疑いを超える証明」はやや難しい言葉かもしれないが、司法問題に詳しい作家の伊佐千尋氏がわかりやすく解説する。

「検察側の証明によって、被告人が有罪であると判断することに疑いがほとんど残らない状態を指します。例えば、白いカンバスに黒い墨を塗っていき、気になる余白がない状態になって、被告人を有罪にすることができる。逆に気になる白い部分が残れば無罪を答申しなければならないということです」

冤罪を生む刑事手続きの延命

伊藤弁護士によれば、アメリカではDNA鑑定など科学技術の発展によって、過去の冤罪事件が次々と明らかにされてきたという。全米で一九七三年から二〇〇五年までの三二年間で、一二二人の死刑囚が無実と判明し、釈放されたという。アメリカでは取調べに先立ち、ミランダ警告が徹底されている。取調べ官から被疑者に対し、黙秘権の存在、供述が法廷で不利益に扱われる可能性があることや、弁護人の立ち合いを求める権利があることなどが告知される。勾留期間も日本の二三日間と比べて、アメリカはわずか二日程度である。にもかかわらず、これほど多くの冤罪を生み出し、そのなかには無実なのに自白に追い込まれる者が少なくないという。

伊藤弁護士が説明する。

「ミランダ警告が形骸化してしまっていたのです。無実の人や初犯の人は取調べ室で動揺しています。心の準備ができていない状態で、警告が儀式的に言われても受け流してしまうそうです。大量の冤罪が発覚したことで、アメリカでは日本に先駆けて刑事司法改革に取り組みました。ミランダ警告を徹底するためにも録画・録音による『取調べの可視化』が実施されています。

陪審裁判は審理の迅速化と充実化が求められますから、事前に公判準備が行われています。しかし、日本の公判前整理手続のように、争点整理や証拠制限などはされません。例えば、ニューヨーク州では、原則的に弁護側が争点を明らかにする義務を負わないし、証拠開示も必要ありません。争点明示や立証責任は検察官の義務とされています。州によっては弁護側にも争点明示を求めているところもありますが、検察側の証拠は、ほぼ全面的に開示されるようになっています。公判になっても新たな主張や証拠調べもできます。日本の場合は、検察側の証拠は全面開示からほど遠く、被告人の防御権が阻害されています。

アメリカの冤罪問題を陪審制度の弊害とする見方もありますが、その原因は日本と同様に刑事手続の問題にあるのです」

密室の取調べの「成果」をどう判断すればいいのか

日本でいま、「取調べの可視化」がクローズアップされている。「取調べの可視化」とは、密室で行われてきた取調べ状況をDVDなどで録画・録音することだ。

この問題に早くから取り組んできた大阪弁護士会の小坂井久弁護士が断言する。

「裁判員制度と取調べの可視化は、密接不可分であり、必要不可欠です」

〇六年夏以降、検察は主要地検だけで試行してきたが、〇八年四月から、原則的に全地検で実施する。しかし、現時点では、検察は取調べの一部だけしか録画・録音していないが、全過程の可視化が求められているのは言うまでもない。

「いま、検察が実施しているのは儀式的なものです。調書をすべて取り終わった後に、被告人に確認するところをDVDに録画しているだけです。もちろん、まったく不充分な対応なのですが、それでも公式にやり始めたことに意義があります。司法改革以前にも検察は取調べを録音していたこともあったのですが、非公式なもので都合が悪いと法廷に出さなかったのです。例えば、冤罪事件である仁保事件や高野山放火事件などは、取調べの録音テープが残されており、法廷に提出されました」

高野山放火事件は、一九八七年から八八年にかけて発生した連続放火事件である。寺に火をつけたとして、当時一九歳の少年が逮捕された。少年は三件の放火事件を自白し、起訴された。公判では三件のうち一件について自白を強要されたとして、否認した。少年は起訴されるまで三ヵ月半も勾留され、連日長時間の取調べを受けた。取調べ室では少年に対して、頭や肩を殴るといった暴行や、「認めなかったら、いつまでも出られない」などの脅迫、利益誘導がくり返されたという。

検察官の指示で警察の取調べの一部が録音され、法廷に四八本に及ぶテープが提出された。しかし、テープは途中から始まったり、中断したりするなど不自然で、暴行の様子や脅迫は録音されていなかった。録音に編集や改竄の疑いが持たれたのである。

しかし、警察官の「認めたら保釈で出られるが、否認したら出られない」と利益誘導の発言が残されていたため、裁判所は自白の任意性に疑いがあるとして、多くの証拠を採用しなかった。少年は一部が無罪になった。

〈本件では裁判所が取調べの違法性を認めたが、日本の裁判所は、違法性を認定することに非常に慎重で消極的である。本件でも、約五年半の審理の大半は取調べに違法があったかどうかという争点に費やされた。仮に取調べの全過程が録画または録音されていれば、このような裁判の長期化は防ぐことができたと考えられる〉（日本弁護士連合会編『裁判員制度と取調べの可視化』明石書店、二〇〇四）

〇七年一一月一四日、「取調べの可視化」の実現を促したともいえる画期的な判断が、大阪地裁（西田眞基裁判長）でなされた。取調べの様子を撮影したＤＶＤによって、検察側の自白調書の証拠請求が却下されたのである。この事件まで法廷で取調べの映像が再生されたケースは三件あったが、自白調書を不採用としたのは初めてのことである。

事件は、八八歳の被告が、アパートの共同便所の使用をめぐって住人男性（当時七二歳）と口論になり、蹴られて転倒した。なおも男性が飛びかかってきたことに被告は憤慨し、自室に戻って果物ナイフを持ち出し、男性の胸や腹などを刺して約三週間のケガを負わしたというものだ。被告は殺人未遂罪で起訴されたが、公判で殺意を否認していた。

高齢のため、聴力が衰えていた被告に対する検察官の取調べについて、西田裁判長は次のように言及した。

〈検察官は、被告人が「殺そうとは思わんけど腹立ったからね。刺したことは間違いないからね」などと、明らかに殺意を否認する供述をしたのに対し、供述調書の訂正を求める意思があるのか確認することもなく、「殺さな、殺されると思ったのは間違いないね。だから先に殺そうと思ったことは間違いないね」と誤導し、被告人が「ええ、ええ」と答えるとそれ以上の質問はしなかった〉

〈検察官は、検察官調書を作成した当時の読み聞かせで内容が理解できたか質問したところ、被告人が「さあ、わかったようなわからなかったような気もするけどね。たいがいはわかったような気もするけどね」と述べ、調書の内容を正確に理解したか否か疑問を呈したのに、「たいがいはわかったね」と述べるだけで、特に問題視していない〉

また、難聴で高齢者特有の緩慢な応答をする被告に対し、むしろ早口で次々と質問している点も指摘した。そのうえで、〈被告人が内容を正しく理解した上で、署名捺印をしたのか疑問が残るというほかない〉と判断している。

大阪地裁は同年一二月二七日、懲役六年を求刑されたこの被告に対し、懲役三年を言い渡している。

小坂井弁護士が言う。

「DVDは検察官が自白調書の任意性を立証するために出してきたものですが、大阪地裁は任意性の基準をこれまでより厳しく見たわけです。はっきりと裁判員制度の影響を受けた判断だったと思います。見えざる市民が、法廷の意識を変えつつある。裁判官の心を動かしていると実感しました」

自白調書の任意性や信用性の判断をめぐっては、水掛け論になりやすく、公判が長期化する要因となっている。長時間に及ぶ取調べ時間も、現実的に大幅に短縮せざるを得ないだろう。「取調べの可視化」によって、こうした問題の多くは解消できるのではないか。

だが、小坂井弁護士は課題も口にする。

「取調べ過程をDVDで録画することで、捜査側に任意性や信用性の部分で担保されてしまう危険があります。取調べ時の対応の仕方や容貌で、どうしても有罪っぽく見えてしまうという人もいます。そういう人をどう防御するかということも考えなくてはならないと思います。ただ、総合的に見て『取調べの可視化』が絶対に必要との考えに揺るぎはありません」

苛酷な取調べの原因になっている〝人質司法〟について、日本裁判官ネットワークに所属する伊東武是《たけよし》裁判官（現・神戸家裁）が、こう語ったことがある。

「大阪地裁の松本芳希判事が〇六年に法律雑誌で発表した論文をきっかけとして、〝人質司法〟を見直そうという機運が、裁判官たちから生れています」

その論文を紹介しよう。

裁判員制度導入による公判中心主義の実現と連日的開廷の確保により、保釈の運用の見直しは不可避として、こう述べている。

〈被告人と弁護人とが、開示された証拠や弁護人の事実調査に基づいて綿密な打ち合わせを行って、防御権の行使に遺漏なきを期することが不可欠である。身体拘束中であると、打ち合わせを行うのにどうしても時間的、場所的に制約が生じるから、十分な弁護活動のためには保釈の必要性が一段と高まると言わなければならない〉（松本芳希「裁判員裁判と保釈の運用について」『ジュリスト』一三一二号・二〇〇六・一、有斐閣）

保釈が認められない理由に「罪証隠滅の恐れ」が挙げられるが、容疑や起訴事実を否認しているケースではいっそう厳しいのが現状である。この点についても、その対象となる事実も限定され、罪証隠滅の余地が相対的に減少していく、としている。

〈否認事件であっても、予想される罪証隠滅行為の態様を考え、被告人がそのような行為に出る現実的具体的可能性があるか、そのような罪証隠滅行為に出たとして実効性があるかどうかを具体的に検討すべきであって、否認又は黙秘の態度から直ちに罪証隠滅のおそれを肯定するようなことをしてはならない〉（同前）

きわめて真っ当な見解を開陳しているのだが、これまで多くの法律家が主張してきたことでもある。

大阪方面に来ると、希望が持てるような変革への胎動を感じることがある。行政事件だが、〇六年に住基ネット訴訟で、高裁で初めて違憲判決を出したのも大阪高裁だった（〇八年三月六日、最高裁が破棄）。過去に遡っても、大阪と東京は対照的だった。

一九六〇年代後半、裁判所は多数の労働事件や公安事件を係属し、被告・弁護側と激しい応酬があった。傍聴席にもヘルメット姿の学生らが詰めかけ、法廷は緊張した。「荒れる法廷」といわれた時代に東京の裁判所は機動隊を導入するなど強権的な措置を取ったが、大阪の裁判所はそのような手段を用いなかったのである。

そもそもの伝統的な気風がちがうのだろうか。東京の裁判所はいまだ頑迷なイメージが拭えない。最高裁はもちろん、東京の裁判所が変わらなければ、改革の波は全国に波及していかないのではないか。

官僚裁判官によるミスリードの危険

小坂井弁護士もそうだが、裁判員制度をきっかけに、これまでの官僚裁判官を打破できるのではないかと、期待を抱く法律家も少なくない。先鋭的に刑事弁護を闘っている弁護士ほど、その思いは強いだろう。

『O・Jシンプソンはなぜ無罪になったか』（現代人文社、一九九七）などの著書がある四宮啓弁護士はもともと陪審制の推進論者である。司法制度改革推進本部の「裁判員制度・刑事検討会」の委員として、特に裁判員の人数構成をめぐって激しい応酬をした一人である。

「陪審員は一度きりの任務であり、後顧《こうこ》の憂いがありません。だからこそ『正しいことをしよう』との思いを強くするのです。陪審員を経験した人の多くは『今後、私の人生に影響を与えると思う』と胸を張ります。

陪審制度も裁判員制度も、国民と専門家とが協働する裁判制度です。この両者の協働なしに、よい裁判はできないのです。陪審制度も裁判員制度も完全ではないし、どんな協働形態がよりフェアで誤りが少ないか、人類はまだ唯一の答えを見出していません。裁判員制度はその問いに対して、一つの選択肢を加えました。どの点が良くて、どの点に課題があるのか、一番説得力のある答えを持つことになるのは、おそらく参加した裁判員でしょう。彼らの意見が広く社会で共有され、蓄積され、制度に反映されることが重要です」

市民の司法参加は絶対に必要だ。日本以外の先進国が陪審制度や参審制度を導入し、すでに市民参加を実施しているという理由ばかりではない。何より、冤罪事件がいっこうに減らない現在の職業裁判官による裁判が、あまりにもひどいからだ。市民が裁判を、裁判官という〝お上〟の専権事項から自らの手に取り戻すことが必要なのである。市民の司法参加の目的は、硬直した現在の刑事裁判に「市民の社会常識を反映」することとされている。

日本弁護士連合会も当初は、陪審制の復活を求めていた。結果的に法務省と最高裁に阻止され、裁判員制度ができあがった。

作家の伊佐千尋氏は米統治下の沖縄で陪審裁判の経験を『逆転――アメリカ支配下・沖縄の陪審制度』にまとめている。陪審制復活を訴える伊佐氏が裁判員制度を厳しく批判する。

「市民である裁判員が、裁判官と一緒に評議することが一番の間違いです。権威的な裁判官に意見を押しつけられた場合、法律に素人で実務経験のない裁判員は、専門家である裁判官に反論し、自分の考えを主張するのは困難です。裁判員は言いくるめられ、ミスリードされるのは目に見えています。一人の裁判官でもその影響力は大きいのに、裁判員制度では三人の裁判官が裁判員と評議することになるのです。官僚裁判官の秩序維持的体質を考えれば、裁判員制度の宿命的欠陥と言えます。しかし、陪審の評議には裁判官が入らないので、この危機は回避されます。陪審員は一二人が同じ立場で、自由に論議できる。裁判官は法律的な問題にあたり、市民は事実認定を行う、という役割分担ができている。裁判員制度では、その手立てが取り払われており、『市民の感覚』を反映させるのは困難です。裁判員に選ばれたら、いかなる他者の意見に拘束、影響されることなく自分の良心にのみしたがって行うべきです」

ならば、裁判官には評議室からご退室願うしかないだろう。

さらには、陪審制度では被告人が職業裁判官の裁判か、陪審裁判かを選択できるが、裁判員裁判では被告人にその選択権がないという問題がある。市民が参加した一審の裁判員裁判には、検察官上訴に何の制限もない。日本の刑事裁判は一審の無罪判決に対し、検察側が控訴すれば七割が逆転有罪判決になるのが現状である。英米では、無罪判決に対する控訴、量刑不当を理由にした控訴は、二重処罰（ダブル・ジョパディー）に当たるとして原則的に禁止されている。

日本における戦前陪審制度

もちろん、陪審制度も完全ではないが、裁判員制度よりもずっと合理的に思える。

「日本人には陪審制度はなじまない」とする意見もよく聞かれるが、日本でも戦前の一時期、陪審裁判が行われていたのである。

日本の陪審裁判は大正デモクラシーのうねりのなかで生れた。政治の民主化を求める声が高まり、陪審制度導入の中心的役割を担ったのは、政友会の総裁・原敬だった。政界疑獄事件の日糖事件や、シーメンス事件、無政府主義者の幸徳秋水らが死刑となった大逆事件などで強大化した検察権力の抑制と、密室裁判による人権侵害への批判が契機となった。一九二一（大正一〇）年に原敬首相は暗殺されるが、陪審法は、二八（昭和三）年一〇月一日に施行されている。

大日本陪審協会が刊行した『陪審手引』は、当時のままの形で復刻されている。陪審制度が導入された理由を「我が陪審法の精神」という項で説明している。

〈英國《えいこく》で陪審制度《ばいしんせいど》を採用《さいよう》した原因《げんいん》は、人民《じんみん》が官憲《くわんけん》の壓制《あつせい》に苦《くる》しみ、さうして裁判官《さいばんくわん》の横暴《わうぼう》と専斷《せんだん》によつて、その生命《せいめい》や財産《ざいさん》が盛《さか》んに蹂躙《じうりん》されたので、その厄難《やくなん》から免《のが》れるべく、遂《つひ》に民《みん》衆《しう》から陪審制度《ばいしんせいど》を要求《えうきう》した結果《けつくわ》、これを實施《じつし》することになつたのであります。其他《そのた》の諸國《しよこく》に於《お》きましても、略《ほゞ》これと大同小異《だいどうせうゐ》の理由《りゆう》から、陪審制度《ばいしんせいど》を採用《さいよう》することになつたのであります。

我《わ》が國《くに》で、この陪審制度《ばいしんせいど》を採用《さいよう》することになりました理由《りゆう》は、外國《ぐわいこく》のそれとは根本《こんぽん》から相《あひ》異《ちが》つてゐるのであります。決《けつ》して民衆《みんしう》から要求《えうきう》されたものでもなく、また從来《じうらい》の裁判《さいばん》に弊害《へいがい》があつた譯《わけ》でもありません。從來行《じうらいおこな》はれて來《き》た日本《にほん》の裁判《さいばん》は、その嚴正公平《げんせいこうへい》なることに於《お》ては、全《まつた》く世界《せかい》にその比《ひ》を見《み》ない程《ほど》、立派《りつぱ》なものでありまして、國民《こくみん》もまた絶對《ぜつたい》にこれを信頼《しんらい》してゐたのであります。然《しか》らば如何《いか》なる理由《りゆう》で、これを採用致《さいよういた》しましたかと申《まを》しまするに、それは立憲制度《りつけんせいど》の大精神《だいせいしん》に基《もと》いてゐるのであります〉

陪審制度を導入するのは、これまでの裁判が誤っていたからではない、国民の信頼を得てきたと居直る姿勢は、司法制度改革審議会の見解と見事に重なっているところが笑えるではないか。また、当時の陪審制度は天皇主権の制約を強いられてもいた。

〈我《わ》が帝國《ていこく》は、萬世《ばんせい》一系《けい》の天皇《てんわう》が、これを統治《とうぢ》し給《たま》ふことは、今更《いまあらた》めて申《まを》すまでもないことでありまして、國家《こくか》の統治権《とうぢけん》は、天皇御《てんわうご》一人《にん》の總攬《そうらん》せらるゝ所《ところ》でありますから、従《したが》つて國政《こくせい》の總《すべ》ては、天皇《てんわう》の大權《たいけん》に屬《ぞく》するものであります。只立憲政體《たゞりつけんせいたい》の本義《ほんぎ》といたしまして憲法《けんぱふ》の條《でう》章《しやう》に基《もとづ》き、國民《こくみん》をして國政《こくせい》の一部《ぶ》に參與《さんよ》せしめられましたのは、全《まつた》く、天皇《てんわう》の大御心《おほみこゝろ》の發露《はつろ》に外《ほか》ならないのであります。それで我《わ》が國權《こくけん》の作用《さよう》は、立法《りつぱふ》、司法《しはふ》、行政《ぎやうせい》の三部《ぶ》となつて居《を》りますが、立法《りつぱふ》に就《つい》ては、國民《こくみん》の代表者《だいへうしや》によつて組織《そしき》せらるゝ、帝國議會《ていこくぎくわい》の協賛權《けふさんけん》で、これを認《みと》められて居《を》ります。また行政《ぎやうせい》に就《つい》ては、各地方《かくちほう》の縣會《けんくわい》、町會《ちやうくわい》、村會等《そんくわいとう》に依《よ》つて、自治制《じちせい》度《ど》が行《おこな》はれて居《を》りますやうに、國民《こくみん》は何《いづ》れも立法《りつぱふ》と行政《ぎやうせい》の両權《りやうけん》に參與《さんよ》して居《を》るのであります。

然《しか》るに單《ひと》り司法《しはふ》に對《たい》してのみは、國民《こくみん》の參與《さんよ》を認《みと》めず、特定《とくてい》の裁判官《さいばんくわん》を置《お》き、專《もつぱ》らこれを携《たづさ》はらして來《き》たのであります。要《えう》するに裁判事務《さいばんじむ》といふものは、人民《じんみん》の貴重《きちよう》なる生命財産《せいめいざいさん》を擁護《えうご》し、國家《こくか》の綱紀《かうき》、社會《しやくわい》の安寧秩序《あんねいちつじよ》を維持《ゐじ》する、國家政務《こくかせいむ》の中《うち》でも、一番重要性《ばんぢうえうせい》が深《ふか》い關係《くわんけい》からであつたのであります。併《しか》し憲法布《けんぱふし》かれて既《すで》に四十餘年《よねん》、國民《こくみん》も國政《こくせい》の參與《さんよ》に相當《さうたう》の經驗《けいけん》も訓練《くんれん》を經《へ》て居《を》り、且《か》つ世事《せじ》も複雑《ふくざつ》になつて來《き》たのでありますから、素人《しろうと》である一般《ぱん》國民《こくみん》にも、裁判手續《さいばんてつゞき》の一部《ぶ》に參與《さんよ》せしめたならば、一層裁判《そうさいばん》に對《たい》する國民《こくみん》の信頼《しんらい》も高《たか》まり、同時《どうじ》に法律智識《はふりつちしき》の涵養《かんやう》や、裁判《さいばん》に對《たい》する理解《りかい》を增《ま》し、裁判制度《さいばんせいど》の運用《うんよう》を一層圓滑《そうゑんこつ》ならしめやうとする精神《せいしん》から、採用《さいよう》されることになつたのであります〉

対象事件は、重罪事件（殺人、放火、傷害など）と、長期三年を超える刑（詐欺、窃盗、横領など）で被告人が請求した場合である。前者を「法定陪審」事件、後者を「請求陪審」事件という。

日本の陪審制には欠陥があった。事実認定だけで、有罪・無罪の判断はできなかった。また、陪審の答申に裁判官が拘束されず何度でも評議のやり直しを命じることもできた。陪審員になる資格は三〇歳以上の男性とされ、直接国税三円以上の納税者でなければならなかった。被告人は有罪判決に対する控訴もできなかった。また、請求陪審で被告人に有罪判決が言い渡されると、被告人が訴訟費用を負担しなければならなかった。

日本初陪審裁判の結果

日本初の陪審裁判は、一九二八（昭和三）年一〇月、大分地裁で開かれた。

同年一〇月二五日の「大阪朝日新聞」は、二面で「裁判長の問に陪審員は『殺意なし』と答申」「裁判所も至當と認め」「成功した大分の陪審初公判」の見出しをつけ、大きく報じている（旧字・旧仮名づかいは改めて表記している）。

既報＝二十三日大分地方裁判所で開かれた我国最初の陪審裁判——情痴の果て情婦である大分県北海部郡下浦村○○○○（四十一）の胸部を出刃包丁で突刺し治療二週間の傷害を与えた島根県美祢郡生れセメント職工○○○○（三十三）にかかる殺人未遂被告事件の公判は二十四日午前九時から引つづき開廷した、この日も傍聴者は雨中をいとわず押しかけた。見学席には中西長崎控訴院長、光行検事長、寺島福岡地方検事正などの顔も見えた。

かくて定刻栗本裁判長以下係官出廷、まず裁判長の陪審員十二名に対する説示に入り、被告の犯罪につき検事は殺意を認め、被告はこれを否認して単に傷害の事実のみを認めている、本事件の唯一の問題は殺意の有無にある、法律上より見れば殺人未遂は死刑または無期もしくは三年以上の懲役になっている、単に傷害とすれば十年以下の懲役または科料に処するにあると述べ殺意の解釈をなし証拠について説明をなし前二回の取調べで被告が殺意を認めたのはこの場合証拠にならぬ、ただこの法廷に現れた事実のみを証拠としなければならぬと前日の被告の答弁、証人の陳述を再び説明しなお参考として一般犯罪の動機や飲酒と犯罪などの関係を述べ、陪審員評議の問題

大阪朝日新聞

裁判長の問に
陪審員は『殺意なし』と答申
裁判所も至當と認め
成功した大分の陪審初公判

六ケ月で癒る
癌の新劑發見
デンマークの醫學者
賞金を贈らる

世界球界の覇をめざして

主問　被告に殺意があったか
補問　殺意がなかったとすれば単に傷害の目的で斬りつけたものであるか
の二問を出した。かくて同十時半休憩、陪審員は直ちに評議室に入り極秘の裡に殺意の有無につき評議し同五十分決を採り陪審員長はこれを厳封して裁判長に提出した、十一時再開裁判長はこれを開封して朗読したが
主問　は殺意なし
補問　は単に傷害の目的にて斬りつけたものである
と答申され裁判所側ではこれを至当と認め、かくて陪審員の任務は終了して退廷した、ついで河井検事は第二次弁論に移り被告の素行に斟酌すべき点があり情状酌量のうえ刑法二百四条を適用し懲役六ヶ月を求刑した、ついで加籐弁護人は本事件は最初に殺意を疑われたのでことここに至ったが、本事件は単に夫婦の内輪喧嘩ともいうべきもので特に被告の思想技術等すべての点で模範職工であり、被告の前途のため特に刑の執行猶予を求むと述べ十一時半閉廷した
判決は二十五日午前九時言渡される

陪審員たちは、殺意が争われた法廷で「殺意なし」との答申を出したのである。

また、二八（昭和三）年一二月に行われた東京地裁初の陪審裁判では、放火で罪に問われた女性に無罪判決が出ている。

『判例タイムズ』二二九号（判例タイムズ社、一九六九）に、東京地裁判事の熊谷弘氏が「新聞報道を通じてみた東京地裁最初の陪審審判――その審理の素描」と題して、検証している。

この裁判は「美人被告が大人気。早朝から裁判所へ。けさ開かれた人妻放火事件、東京最初の陪審公判」（国民新聞）、「大変な興味を呼んで東京で初の陪審裁判。霜を踏んで傍聴者押しかく、若い人妻の放火事件」（日本新聞）などなど、センセーショナルな話題になったようだ。裁判長は陪審員に対して「凡そ法は厳正公平、罪を犯せる者が免がれ、犯さざる者が罰せられるがごとき事あらば国家の安寧秩序を乱すものである」などと諭告を行った後、陪審員が宣誓し、事質審理に入った。旧刑事訴訟法下の裁判長の被告人尋問と、証人尋問が行なわれる。公判は五日間にわたって開かれ、裁判長が陪審員に説示を行う。

「多数の証人が同じことを言っているからとて必ずしも信ずべきでなく、親戚縁者の言うところ必ずしも被告の有利のため嘘をつくのではない」との説明には目を見張らされる。

続いて、裁判長は陪審員に問書を読み聞かせる。要するに「放火したか、しなかった」という内容だ。だが、陪審員たちは文中の矛盾点に対し異議を唱え、訂正を要求している。

日本の陪審では、裁判所が犯罪の構成事実の有無を問い、陪審員は「然《しか》り」「然らず」で答申する。問書が訂正された後、陪審員は評議室で二時間以上評議する。法廷が再会され、陪審長が起立して答申を提出。書記は興奮に手を震わせながら答申を「然らず」と読み下す。〈その声は震えをおび、その刹那満廷はホッと安堵に似た吐息で一杯となる。被告はと見ればハンカチを口に当て、只感激の吐息をもらすばかり〉

そして合議後、裁判長は被告人に無罪を言い渡したのである。

筆者の熊谷弘氏は、末尾にこうコメントを付している。

〈日本人の陪審員となることについての適正又は能力について疑問を持つ向も多いけれども、この事件について見ると、そういう心配はなさそうである。四〇年も前のことであるのに、陪審員が仲々活躍しているのに驚かされた〉

無罪率一六・七%の意味

一九四三（昭和一八）年に陪審法が停止するまでの一五年間で、全国で四八四件の陪審裁判が行われた。特筆すべきなのは、無罪率が一六・七%（八一件）と高かったことだ。現在の刑事裁判の無罪率が一%以下であることを考えれば、驚くべき数字である。ちなみに殺人事件だけで見ると、陪審裁判の無罪率は六・三%であるのに対し、当時の職業裁判官の無罪率は〇・〇七%だったのである。陪審員は裁判官よりも、有罪の判断をすることに慎重だったのである。裁判官が答申を却下して陪審を更新することは、実際にはほとんどなかったともいう。

反面、陪審裁判の辞退者が多かった。京都地裁では、二八〜四三年までの陪審受理総件数五四一件のうち、被告人が辞退したのは三四九件で六五%にも上った。その理由は何か。

四宮啓弁護士が解説する。

「法律家の使命感喪失が原因で、裁判官や弁護士に説得され、辞退することが多かったようです。考えられるのは、裁判官としてはお上の裁きを受けないのか、という不満があったかもしれない。弁護士側からすれば、控訴できないし、請求陪審で有罪になれば費用が課せられるからやめておこうと消極的にならざるを得なかった、ということだと思います。しかし、その一方で、当時、新しい弁論技術書なども出版され、また好意的に受け止めて訴訟運営する裁判官も多くいたのです」

当時の制度と裁判官や弁護士の姿勢に問題があったのであり、陪審制度は決して国民から支持されなかったわけでも、不人気だったわけでもないのである。

陪審法が停止したのは戦争遂行のため、全体主義・軍国主義の台頭により、眠らされたのである。とはいえ、日本における陪審裁判は、「成功」だったといえるのではないか。

陪審制のまがいもの

陪審法は廃止されたわけではなく、一九四三年四月一日の「陪審法ノ停止ニ関スル法律」により、「今次ノ戦争終了後施行スルモノトシ」とされているだけで、現存しているのである。ならば、多くの欠陥を改良して、現代に生かすことは充分可能なはずである。裁判員制度という新たな制度を作る必要はあったのだろうか。

ショーン・エンライト、ジェームス・モートン著『陪審裁判の将来――90年代のイギリスの刑事陪審』（豊川正明・庭山英雄訳、成文堂、一九九一）には、こう書かれている。

〈われわれは、陪審裁判を受ける権利の撤廃は独裁的な政治へ移行する一つの兆候であると信じている。陪審裁判を受ける権利が失われれば、われわれ一般国民は自分たちの事件が長い間警察裁判所と呼ばれてきたところでしか審理されないことになり、このような制度に信頼を託することは止めるべきであろう。その種の裁判所では、たとえそれが法律上は誤っているとしても、実務上間違いなく挙証責任は国よりもむしろ被告人にあると信じられるようになる。陪審裁判を受ける権利がなくなれば法律制度に対する国民の信頼を維持してゆくのは難しいであろう〉（傍点筆者）

さらに、結論に至る文章では、いま日本が導入しようとしている裁判員制度が、陪審制度のまがいものであるかのように示唆していて、目を引きつけられる。

〈われわれは個人と国家との間に正義を慎重に配分するというやり方で陪審裁判の存続をはかることが必要であり望ましいという考え方を基準にして、それぞれの提案を行ってきた。しかし、次の一点以外のことについては説得や妥協に応ずる用意がある。すなわち、陪審制度について今後どのような改革を行う場合でも事前に十分な研究をすること。さもなければ陪審制度はいじくり回されて、それが何だかわからなくなってしまうことを恐れる。陪審制度には大きな欠陥があるという具体的な証明がなされるまでは、これ以上の改革は傍らによけておかれるべきである〉（傍点筆者）

　裁判員制度は、スタート前から多くの問題点を指摘されている。ただし、「仕事を理由に辞退できない」ことなどを不当とする、市民の負担を慮《おもんぱか》っての反対論には与しない。市民の司法参加は義務というより、市民の権力チェックであり、市民による権利行使の機会だと思うからである。

第2章

虚構としての刑事裁判

オウム真理教・麻原裁判が浮かびあがらせたもの

もはや、この国の刑事裁判は〝虚構〟というべきである。

刑事裁判官は捜査・訴追機関の主張を鵜呑みにし、応報的な刑罰を言い渡す〝場〟となってしまっている。本来ならば、たとえ被告がいかに世間で「極悪人」との指弾を受けていようと、そうした予断を排斥したうえで公判審理はなされるべきである。まして、被告が「無罪」を主張しているのならば、なおさらのことだ。

その典型的な例のひとつが、いわゆる「オウム真理教・麻原裁判」であろう。麻原裁判においては、弁護団に対して「引き延ばし」との非難が、くり返し投げつけられてきた。〝麻原憎し〟の感情が、ヒステリックに弁護団に向けられた。しかし、本当に批判されなければならないのはいったい誰なのか。

二〇〇六年九月一五日、元オウム真理教の教祖だった麻原彰晃・死刑囚（五三歳、本名・松本智津夫）の死刑が確定した。一審の死刑判決後、麻原被告の控訴をめぐって、弁護団と東京高裁の間の攻防を振り返る。ここでは便宜上、「麻原被告」と表記することとする。

東京高裁が麻原被告の控訴棄却を決定したのは、同年三月二七日のことだ。刑事一〇部の須田賢《まさる》裁判長は、「裁判所が決めた期限までに控訴趣意書が提出されず、遅延も刑事訴訟規則の『やむを得ない事情』とは認められない」と述べた。

だが、いかにもタイミングが恣意的だった。

弁護側は三月二八日に趣意書を提出することを一週間前に裁判所に通知し、メディアにも発表していたからだ。趣意書を受け取ってから棄却するのならばまだしも、わざわざその前日に決定を出したのである。弁護側の依頼で麻原被告の精神状態に関する意見書を提出した、精神科医の野田正彰氏は「裁判長が『弁護団いじめ』をしているに過ぎない」（「毎日新聞」二〇〇六・四・二四）と批判したが、決して過言ではないだろう。

そもそも、当時の控訴審弁護団（松下明夫、松井明弁護士）は、ただ漫然と時間を浪費してきたわけではない。

〇四年二月二七日、一審の死刑判決当日に弁護を受任して以来、控訴棄却までのおよそ一年間で一八〇回以上にわたって麻原被告との接見を試みている。麻原被告と意思疎通を図り、控訴趣意書を書くうえで、被告本人の意向を確認するのは当然のことである。しかし、最初の五ヵ月ほどは東京拘置所を訪れても、麻原被告とは接見できなかった。ようやく麻原被告に会えたのは七月二九日、三八回目の接見時だった。

控訴審弁護団の一人、松井武弁護士が当時の状況を説明する。

「それまで麻原さんが接見拒否していたかどうかは、わかりません。突然その日になって、係官から麻原さんが接見室に来ていることを伝えられたのです。

しかし、麻原さんと会っても、まったくコミュニケーションが取れませんでした。こちらの質問に対してほとんど無反応で、時々『ウン、ウン』と頷くような声を出す。急にニヤリと笑ったりするので、僕も当初は『ふざけるな！』と思いましたよ。ところが、話とは無関係な時も『ウン、ウン』と言っているし、突然、大声で笑ったかと思えば、居眠りを始めたりする。

やはり、麻原さんは正常ではないと思わざるを得ませんでした」

弁護人の接見記録を読むかぎりでは、その後も麻原被告の精神状態はますます悪化しているように見受けられる。接見室で突然立ち上がって壁に張り付いたままの姿勢を取る、失禁する、ズボンを脱いでマスターベーションを始めたことさえあった。

○五年四月四日、一〇七回目の面会で、接見記録には次のように記されている。

〈「きたよ」と大声で言う。「……」。白いジャンパー、紺色のジャージ用のものを着用。接見室に入って被告人を見たら、マスターベーション中であった。射精する。精液が手にかかった。おそらくジャージにもかかったと思う。その後、足をさすり始める。「にゃ〜」。左足すねの横をさすり始めた？　あるいは手が震えているのか？　……「にゃ〜」。声を出して笑う〉

恣意的鑑定の疑念

弁護団は〇四年秋以降、中島節氏はじめ、野田正彰氏、小木貞孝氏（作家の加賀乙彦）ら、六人の著名な精神科医に麻原被告の精神鑑定を依頼してきた。うち五人は「重篤な拘禁反応が見られる」として、早急な診察、治療の必要性を指摘している。一人は〝詐病〟を否定できないとしながらも、拘禁反応、精神障害の可能性もあるとして、診察は不可欠と判断した。つまり、各医師は「麻原被告に訴訟能力はない」との結論を示したのである。弁護側が裁判所に司法精神鑑定と公判手続の停止を申立て、控訴趣意書の提出期限延長を求めたのは当然の弁護活動だ。公判手続停止の申立および、精神鑑定の申立は計二回行っている。

一方、須田裁判長は同年一二月一〇日、拘置所に赴いて、麻原被告と約三〇分間面会している。麻原被告の精神状態を確認することと、控訴趣意書に関する説明が目的だったとされる。裁判長は麻原被告が「ウン、ウン」と相槌を打ったとして「こちらの説明を理解していると思われる」との見解を示した。

控訴裁判所（この場合、東京高裁）は原審の当否を判断するため、「事実取調」の権限を持っているとはいえ、弁護人や検察官の立会いもないまま〝密室〟で行なわれた事実には疑問が残る。

〇五年八月一九日、新たに東京高裁は麻原被告の訴訟能力の有無について「慎重を期して、精神鑑定によって専門家の意見を徴《ちょう》する」方針を明らかにした。この時点で、趣意書の提出期限は八月三一日と指定していたが、裁判所は「期限までに提出されなくても棄却しない。鑑定結果が出るまでに趣意書提出があれば、控訴成立と見なす」旨、弁護側に明言したというのである。

鑑定人の選任にあたっても、弁護側の意見はまったく聞き入られなかった。裁判所が鑑定を依頼したのは、精神科医の西山詮《あきら》医師だった。不可解なのは鑑定人の宣誓が公開の法廷ではなく、非公開の席で行われ、鑑定人選出の過程が明らかにされなかったことだ。

その西山鑑定書が提出されたのは、〇六年二月二〇日だった。西山鑑定の主文は、次のように結論づけた。

〈拘禁反応の状態にあるが、拘禁精神病の水準にはなく、偽痴呆性の無言状態にある〉
〈被告人はものを言わないが、ものを言う能力が失われたことを示唆する証拠はない〉
〈発病直前及び発病初期からあった強力な無罪願望が継続していると考えられ、被告人は、訴訟を進めることを望んでいないが、訴訟をする能力を失っていない〉

要するに、麻原被告は〝詐病〟であり、訴訟能力を有していると判断したわけである。弁護側の鑑定人は弁護士と同様に、アクリル製の遮蔽板越しにしか問診できないが、刑訴法の規定によって司法精神鑑定を実施する西山医師は、麻原被告と〝平場〟で直に会うことができる。にもかかわらず、わずか三回しか面会していない。そもそも、西山医師も麻原被告と意思疎通が図れていないのである。

さらに、西山医師は鑑定書のなかで〈拘禁―拘禁反応―精神科病院送致―拘禁―拘禁反応の繰り返しが多いことは……実質上、死刑囚をなし崩しに無期囚にしかねない方法である〉とまで言及している。鑑定医としての裁量の範囲を超えた意見表明ではなかったか。

実際、弁護側の鑑定人は六人全員が西山鑑定を批判している。

例えば、筑波大学大学院・人間総合科学研究科の中谷陽二教授は「偽痴呆とは詐病ではなく、疾病である」旨を指摘し、意見書でこう述べている。

〈重要な点は、偽痴呆とは「痴呆のまねをしている」のではなく、「痴呆のまねをしているようにみえる」のであり、〝わざとらしさ〟や〝馬鹿げてみえること〟それ自体が症状の特徴である〉。にもかかわらず、西山鑑定は〈被告人の場合は「言いたくないから言わない」ための無言と捉えている〉として、〈西山鑑定書では診断と説明が矛盾をきたしている〉と看破しているのである。

鑑定書の内容そのものが、恣意的に書かれているのではないかとの疑念も湧いてくる。しかし、東京高裁は鑑定人に対する弁護側の反対尋問すら認めなかった。形式的に鑑定に対する反論書だけを求めたが、弁護側は期日となっていた三月一五日にきちんと提出している。この時点で、控訴趣意書提出の要求はなかったが、ほどなくして弁護側は趣意書の提出を決めた。

ところが、裁判所側は「期限までに趣意書を提出しなくても棄却しない」という前述の明言を翻し、「控訴趣意書の未提出」という理由を編み出して棄却に持ち込んだのである。

なりふりかまわぬ控訴棄却

このように、裁判所側の手続きは実にアンフェアだったと言わざるを得ない。裁判所は趣意書の提出日を待たず、提出予告日の前日、二七日の控訴棄却に至ったのである。

松井弁護士が憤る。

「弁護団に対する明言を翻してまで拙速に棄却を決定したのは、結局、裁判所が何もしていないことに対する社会的な批判が湧き上がることを恐れたからだと思います。（麻原被告が殺人罪などに問われた）一三件もの公訴事実がある裁判で、時間がかかるのは当り前のことです。それに麻原さんは治療不能というわけではなく、半年間ほど治療すれば改善すると見た医師もいます。治療後に裁判を再開すればいいし、医療機関から出廷させることもできるはずです。まさに裁判所は、被告人を置き去りにしてしまったのです」

弁護側は、この〝裁判打ち切り〟に対し、東京高裁（白木勇裁判長）に異議を申立てたが、五月二九日付で棄却された。さらに、最高裁に特別抗告したが、九月一五日に棄却され、麻原被告の死刑が確定している。

松本サリン、地下鉄サリン事件の遺族やいまなお後遺症に苦しむ被害者からすれば、裁判が長引くことじたいが堪《た》え難いことにちがいない。しかし、裁判上、必要な手続を排斥してまで、裁判を拙速に進めていいわけではない。

須田裁判長は趣意書の未提出について、〈原審で死刑を宣告された被告から実質審理を受ける機会を奪うという重大な結果を招く〉などと弁護側を非難したが、一体いかなる口吻《こうふん》なのか。まるで他人事のように言っているが、そもそも裁判を打ち切って実質審理を受ける機会を奪ったのは裁判所である。須田裁判長の「強権的」な訴訟指揮こそ、厳しく批判されるべきである。

それればかりではない。麻原被告の死刑確定から一〇日後の九月二五日、東京高裁は日本弁護士連合会に対し、松井・松下両弁護士の処分を求める「処置請求」を行ったのである。「刑事訴訟法に違反して控訴趣意書の提出を拒み、裁判の迅速な進行を妨げた」というのが、その理由だ。しかし、日弁連は「裁判が終わった後に、訴訟を遅らせた制裁として処置請求するのは不適法」として二人を処分しない決定をした。東京高裁の請求を事実上〝門前払い〟にしたのである。

ところが、東京高裁は〇七年三月、両弁護士に対して「懲戒請求」を行う。懲戒請求は日弁連ではなく、所属弁護士会に提出する。松井弁護士は東京第二弁護士会、松下弁護士は仙台弁護士会だ。手順を説明すると、弁護士会は懲戒請求を受けた事案について、まず綱紀委員会が調査する。そのうえで、懲戒委員会の審査に付すのを相当か否かを議決する。懲戒相当と議決されれば懲戒委員会にかけられる。そこで懲戒するか否かを審査し、懲戒する場合は、戒告、業務停止、除名などの処分を実施することになっている。

ただし、不可解なのは東京高裁が山名学・事務局長の名で懲戒請求をしていることである。本来なら、須田裁判長か所長が行うべきものではないのか。

松井弁護士が説明する。

「懲戒の申立ができるのはあくまで人に限られているのです。国の機関に申立の適格が与えられないのは当然のことで、裁判所は懲戒請求などできないのです。申立適格が人であることの要件は綱紀委員会の規則にあります。だから、東京高裁は山名事務局長個人が請求を行なったという体裁を繕っているのですが、申立書には山名学の個人名の前に肩書きが付され、事務局長の公印が押してあり、公文書番号まで付されているのです。また、証拠書類として判決書や打ち合わせメモ、裁判記録などが添付されていますが、職権的に収集したものであることは明らかです。それでも、事務局長が個人として申立てたと言い張っています。

ならば、職権濫用というほかなく、公文書偽造・公印不正使用罪に該当する疑いが極めて濃いと思います。須田裁判長も、職務上の守秘義務を漏洩したことになるのではないかと思います。須田裁判長あるいは東京高裁が協力しなければ、それらの証拠資料は入手できないはずです」

もともと請求じたいが違法ということなのだが、松井弁護士の主張はもっともである。私たち一般市民が懲戒の申立をする時、裁判所が裁判資料を提供することなど絶対にあり得ないからだ。

「一方で、裁判所は東京高裁が懲戒請求したとしてマスコミに発表しています。しかし、綱紀委員会に対しては、それを個人の請求と言っているのです。法律に通暁《つうぎょう》している裁判所がこの理を知らないはずはありません。そうまでして懲戒請求をする理由は一つです。この件を利用して、意に沿わない弁護士に圧力をかける。まさに、弁護士自治への介入です。

裁判所が依頼した西山鑑定に対して、六人の医師が麻原さんの訴訟能力を否定したのです。にもかかわらず、控訴趣意書の提出期限を設けるのは、被告人から防御権を奪う行為です。本来ならば、裁判所は公判手続を停止すべきで、治療後に裁判を行うべきです。裁判所の訴訟指揮は明らかに誤っています」

「棄却しない」と明言した密室のやりとり

なお、東京高裁の申立書には〈二〇〇五年八月一九日、公判手続の停止を行わないこと、趣意書提出期限の再度の延伸を行わない旨を弁護人に伝えた〉と記述されている。

その日は、須田賢裁判長と、陪席裁判官、松井、松下弁護士、検察官による打ち合わせが東京高裁刑事第一〇刑事部で行われている。先述したように、弁護側の主張によれば、裁判長が「期限までに控訴趣意書を提出されなくても、控訴は棄却しない」と明言したとされる日である。両者の言い分は正反対だが、では、少々長くなるが当日のやり取りをここに再現する。

松下明夫弁護士――被告人と意思疎通できないかどうかなどはともかくとして、それとは無関係にとにかく訴訟能力の有無については審査するということですか?

須田賢裁判長――訴訟能力は現時点ではあるという判断ですね。だいたい事案が事案ですので……。弁護人のほうから出された書面に、(鑑定人の)中島直医師の意見書もついていたことですし、慎重を期して、事実調べの方法で。鑑定、事実取調の方法に基づいて鑑定の形式、まあどこまで鑑定の形式をとるか、そこらへんは裁量で決めなくちゃいけないわけですけれども、その形式をとって、精神医学の専門家の意見を。

松下――そうすると、訴訟能力は認めているけれども、裁判所はなお念のためという?

裁判長――まあ、慎重を期してということですよね。現時点では訴訟能力がないという判断はしておりませんので、趣意書提出期限は延ばせないと。延ばせない理由としては、従前の経緯もある。こういうふうに判断した、ということです。で、八月三一日までに趣意書の提出をお願いしたい。

松下——でも、三一日までにわれわれは出せないということを言ってきてますよね。で、裁判所のほうで鑑定するということなんですけどね、まあ期限徒過すると控訴棄却になりますよね。

裁判長——いや、あのう鑑定が出るまでは棄却しませんですけれど、それは。鑑定をするということになれば。

松下——そうすると鑑定が出た段階で棄却すると?

裁判長——いや、それはわかりません。それは。

松下——裁判所のほうで訴訟能力があると判断しているというわけですよね。いまの鑑定でどういうふうな判断が出るかわかんないですけれども、仮に訴訟能力があると、判断した場合にですね、控訴棄却と。期限徒過している場合にですよ。

裁判長——それはそうなってきますよね。その時点で、それこそ心神喪失という鑑定が出て、無能力という鑑定が出て、それが首肯できるものであるというふうな状況になった場合にどうなるかって問題はありますよね。もし仮にその段階で裁判所が訴訟能力がないというふうに判断に至ったとすると、それは公判が停止されることになりますよね。で、治療で回復されるまで停止されることになって、回復したら趣意書提出期限を決めるという、方針はそういうふうになると思いますけども。

松下――そうすると、事実調べとして鑑定するということなんですけどね、それは公判手続停止ということなんですか？

裁判長――いや、公判手続停止はしていませんよ。

松下――してないですよね。

裁判長――それこそ、だから慎重を期してやりましょう、ということですよね。

検察官――ちょっとよろしいですか。確認ですが、要するに事実取調べで鑑定の形式により意見聴取等するということと、控訴趣意書の提出期限というのはちがうわけですよね、法律上ですね。

裁判長――ええ、ええ。

検察官――そうすると、八月三一日が期限になっているから、意見聴取がいつまでかかるかしれませんけれども、鑑定の結果がどう出るかわかりませんけれども、ラグがあるわけですよね。

裁判長――ええ、ええ。

検察官――その間で期限、仮に八月三一日を徒過した場合の法律上の判断というのは、どういうふうになるんですか？

裁判長――えーと……。

検察官――要するに期限徒過という法律状態は残るわけですよね。

裁判長――残ってますね。

検察官――残るわけですよね。それと公判手続の停止かどうかは別ですよね。

裁判長――ええ、別です。ですので、要するに控訴棄却がなされるまでは、決定でね、それがなされるまでは係属しているっていうことですよね。

検察官――訴訟はですね。

裁判長――ええ、訴訟は係属していますし、その間に趣意書が出されれば、もし、八月三一日までに出さなくて、その後出されれば、これは控訴審として控訴は成立することになりますけれどね。

検察官――あ、そうなんですか？

裁判長――ええ、それはそういうものですよね。棄却される前にそうなる。つまり……。

検察官――それで、そういう解釈でよろしいんですかね。

裁判長――それが一般的な解釈だと思いますよ（笑）。

もちろん、須田裁判長は弁護団に対して、八月三一日までに控訴趣意書の提出を要望している。しかし、このやり取りで明らかなように、須田裁判長は「期限後でも控訴趣意書が提出されれば控訴は成立」する旨ハッキリと語っている。八月三一日にも同様の趣旨のことを言っている。にもかかわらず、その言葉を翻した理由について、裁判所側は一切説明していない。それどころか、弁護団の側に責任を転嫁しているのである。

被告は過去類例のない事件の〝首謀者〟と目された人物であり、一連のオウム裁判のなかでも最も重要な法廷となるはずだったことは言うまでもない。適正な手続きや真相解明よりも〝迅速さ〟ばかりを優先させようとした裁判所の判断が、妥当であったはずがなかろう。

裁判所は、自らの職責を放棄したとさえいえる。

刑事裁判官たちの病理

一九九五年から九九年にかけて発覚した「埼玉連続保険金殺人事件」の控訴審も須田賢裁判長の担当だった。

事件は、埼玉・本庄市の金融業を営む八木茂被告（五八歳）を中心とする保険金殺人である。八木被告と共謀した三人の女性がそれぞれ被害者の男性と〝偽装結婚〟し、多額の保険金をかけたうえで、トリカブトなどで毒殺したというものだ。八木被告らは二〇〇〇年三月に逮捕された。

二件の殺人や詐欺罪に問われ、一審で死刑を言い渡された八木被告は一貫して容疑を否認し続けていた。しかし昨年一月一三日、東京高裁の控訴審でも死刑判決を受け、舞台は最高裁へ移った。

控訴審がスタートしたのは〇四年一一月のことだ。被告の生命を左右する裁判だったにもかかわらず、判決が下るまでたったの二ヵ月間で、公判は三回しか開かれなかった。被告・弁護側が控訴審で提出した約四〇〇件もの新証拠は、ほとんどが却下された。このため弁護側は弁論ができず、第二回公判で結審。三回目で即判決となったのである。

弁護側が「決定的証拠」として特に自信を持っていたのは、一九九五年六月に利根川で発見された元工員（当時四五歳）の死因である。八木被告がトリカブト入りのパンで毒殺したうえで利根川に遺棄し、保険金三億円を騙し取ったとされる事案である。

弁護側は、トリカブトは致死量に達していないと指摘し、科学捜査研究所に冷凍保管されている元工員の臓器を再鑑定することを求めた。提出されたのは、元工員の臓器に残された「プランクトン検査」の結果である。

臓器から発見された珪藻《けいそう》（淡水の植物性プランクトン）のうち、大型で扁平なものは肺に残され、小型で細長いものは腎臓で検出されていた。すなわち、小型の珪藻だけは肺胞壁を通過して体内を循環し、他の臓器に侵入したことになるというわけだ。

これは何を意味するのだろうか。要するに、元工員は死後に遺棄されたのではなく、利根川の水を大量に吸い込んで死んだ。つまり、溺死である。

しかも、共犯とされる女性も逮捕から半年間にわたって「元工員は殺していない。トリカブトを少しずつあげていたけれども、最後は利根川に飛び込んで自殺した」と供述しており、検査結果との整合性も十分にある。ところが、女性は検事から「自白すれば極刑は免れる」と言われ、証言を変遷させていったと、弁護側は主張するのである。

科学的な根拠に基づいた説得力のある証拠と思えるが、須田裁判長はにべもなく再鑑定を却下した。

弁護人の高野隆弁護士（早稲田大学法科大学院教授）は、ウェブサイト上で高裁判決を厳しく批判した。

〈弁護人が請求する新証拠については検事が同意したもの以外のすべての取調べを拒否し、一人の証人も取調べず、再鑑定もせず、事実上何の証拠も調べず、第一回公判（実質的な審理があったのは第二回公判の一度きりだった）で即日結審した〉

刑事事件において、被告・弁護側の主張を一方的に排斥する傾向は、須田裁判長に限らず、多くの裁判官に見られる。程度の差こそあれ、この国の多くの刑事裁判官が抱える病巣であるといっていい。

検察請求のフリーパス化

一般的に、刑事事件で逮捕されると、警察の留置場（代用監獄）に入れられ、取調べを受ける。そして、四八時間以内に検察官に送致（送検）される。

勾留が必要と判断されると、検察は二四時間以内に、裁判官に勾留請求する。裁判官が認めれば勾留期間は一〇日間とされ、さらに一〇日間の延長を請求できる。検察は最大二〇日間のうちに被疑者を起訴する。嫌疑不十分として起訴しない場合は、釈放される。

勾留決定の権限は警察・検察にはなく、あくまで裁判官にある。そして、裁判官の職権による起訴後の勾留（被告人勾留）は二ヵ月間で、一ヵ月ごとに更新される。

高野弁護士が、刑事裁判の現状を憂慮する。

「検察は被疑者を逮捕すると、二〇日間の拘留期間のうちに自白を取って起訴するわけです。そして、裁判官は検察官の自白調書通りに認定する。法廷で被告本人が述べたことよりも、検察官の調書を信用してしまうのです。被疑者の身柄拘束は自白を得るための道具として用いられ、密室で脅すなど苛酷な取調べを可能にしています。裁判官は、それを結果的に追認してしまっているのです。警察官や検察官は被疑者に対してよく『否認していると、いつまでたっても出られないよ』などと言いますが、決して嘘ではなく、事実その通りなのです。勾留決定するのも、長期間にわたって保釈を認めないのも裁判官です。

これが冤罪の温床や不当な長期勾留になっているわけで、最も批判されるべきなのは裁判官なのです」

そのことを裏づけるように、勾留請求の却下率や、保釈率の低さが、明確に数字として表れている。

二〇〇六年、地裁と簡裁に持ち込まれた勾留請求数は一四万七〇五九件。うち却下されたのは一〇三九件で、却下率はわずか〇・七〇％である。三七年前の六九年と比較すると、請求数が一〇万六一一三件で、うち却下が五二九三件、却下率は五・〇％もあった。

一方、保釈率を見てみよう。〇六年、地裁で勾留状を発付された人員は六万八四九〇人。また、その年じゅうに保釈が許可された人員は一万二八六人で、保釈率は一五・〇％。同様に六九年は三万五四六二人に対し、一万八二二一人。保釈率は五一・四％にも上っていたのである。

検察側の勾留請求はほとんどフリーパスで、弁護側の保釈請求には厳しく臨むという傾向が、三七年前と比べて、さらに顕著になっているのはどういうことなのだろうか。

「司法の反動」のなれの果て

起訴前の被疑者や、第一回公判期日（初公判）前の被告人の勾留に関する処分は、東京地裁の場合、令状部（刑事一四部）が行う。

一九六六年に発生した「袴田事件」で主任裁判官を務め、「無罪の心証を得ていた」ことを明かした元裁判官の熊本典道氏に話を聞く機会があった。熊本氏は六三年に任官し、初任地は東京地裁の令状部だった。

熊本氏が当時を振り返る。

「令状部に配属されたのは六ヵ月間だけでしたが、勾留請求の三割以上は却下していました。私の却下率は、おそらく最高記録になっていると思います（笑）。検察官から『おい、何でアイツを勾留しなかったんだ！』とぞんざいな口調で怒鳴られることも、たびたびありました。勾留の理由には逃亡や罪証隠滅のおそれがなければなりません。しかし、被告人に家族がいれば逃亡の恐れなどあり得ないし、罪証隠滅が発覚すれば刑が重くなるだけです。長期間にわたる勾留はある種の制裁になってしまっている。いまの裁判官は、被告人が逃げないという保証はないという考え方になっており、自己保身につながっていると思います」

『刑事裁判の空洞化——改革への道標』（勁草書房、一九九三）などの著書がある、元大阪高裁裁判官の石松竹雄弁護士はこう説明する。

「近年、被告人の身体を自由にしておいて、公判で争うという刑事裁判の基本が後退しています。特に否認している場合は、保釈を認めないようになっています。〝人質司法〟などと批判される所以《ゆえん》です。私は刑事裁判官の使命は治安維持機能よりも、被告人の人権保障にあると考えてきました」

石松弁護士は司法修習二期のベテランで、大阪地・高裁などで約四〇年間にわたって刑事裁判官を務めた。六〇年代後半、裁判所では労働・公安事件を多数係属し、傍聴席はヘルメット姿の活動家や学生が占拠した。彼らは〝公判粉砕〟を叫ぶなど「荒れる法廷」といわれる受難の時代であった。

大都市部の裁判所は「荒れる法廷」への対応を余儀なくされたが、東京の裁判所は機動隊を導入し、強権的な訴訟指揮を執ったことで「東京方式」と呼ばれた。逆に、大阪の裁判所は、法廷での自由な意見表明が保障されなければならないという立場を取った。調書など書面審理よりも、法廷尋問を積極的に行なうというのが「大阪方式」だったのである。石松弁護士はまさにその渦中にあった。

「全国に波及していったのは『東京方式』のほうでした。強権的訴訟指揮は公判審理の形骸化と調書裁判の強化を招き、その結果として裁判官は検察官寄りになっていくのです。そして七〇年代に入って、いわゆる『司法の反動』を迎えます。保守政治家や右翼ジャーナリズムによる〝偏向〟キャンペーンが始まると、裁判所は内部統制を強めることで外部からの攻撃をかわそうとした。裁判官としての独立した機能を果たそうという気概は、こうして骨抜きにされていったのです。司法官僚化が進み、事なかれ主義が蔓延してしまった。最近の裁判官は本当に自分で判断しているのか、疑問です」

冤罪はなぜ生み出されるのか

読者のなかには「自分は犯罪とは無縁」と思っている人がいるかもしれない。では、こんな事例はどうだろう。

前出の高野隆弁護士が受任した刑事事件を紹介しよう。

二〇〇六年一月三日、八王子市在住の三〇代会社員が夫人を伴い、町田市のデパートにショッピングに出掛けた。会社員は夫人のためにハーフパンツを購入した。しかし、帰宅して穿《は》いてみたところ、ハーフパンツの両ポケットにほつれがあった。会社員は売り場の担当者に苦情を伝えると、購入した不良品を送り返して新品と交換してもらうことになった。ところが、デパートから届いたハーフパンツは返品したものだった。

会社員は再度、担当者に電話をかけて抗議すると、「新品を送った」と言い張られた。腹を立てた会社員は一月一〇日、同じデパートの時計店で高級腕時計を試着させ、そのままトイレに行こうとした。腹いせに嫌がらせをしようとしたのである。デパートの店員らは「万引きだ！」と騒ぎ、会社員とトイレの前で揉み合いになった。その際、店員は足を蹴られたと言って、一一〇番通報した。会社員は駆けつけた警官に、暴行と窃盗容疑で逮捕されてしまう。

会社員の行為は軽率だったが、万引きの意志はなかった。「事件」というには大袈裟で、軽微なトラブルとしか思えない。ところが、逮捕から半年間も勾留されたのである。もちろん、会社員に前科・前歴はない。家族は妻と幼い子どもが三人いて、購入したマンションで暮らしている。逃亡するはずもなく、罪証隠滅の恐れがあるような事件でもない。身柄を拘束されている理由は、会社員が「私は蹴っていない」と否認し続けているからだ。会社員は起訴され、会社を辞めるハメになった。保釈請求はことごとく却下された。妻がノイローゼ状態になっていると伝えても、聞き入られなかった。裁判所は、七回目の請求でようやく保釈を認めたのである。

結局、会社員は一、二審とも懲役一〇月、執行猶予三年を言い渡された。会社員は上告したが、〇七年一一月に棄却され、有罪が確定した。

高野弁護士によれば、こうした事例はゴマンとあるという。この会社員は否認を貫いて頑張ったが、ほとんどの人は泣き寝入りしてしまうのではないか。冤罪は私たちが想像している以上に多い、というのが実状だろう。

日本の刑事司法では、自白調書は裁判の有力な証拠として採用される。それゆえ、捜査・訴追機関は苛酷な取調べを行ない、被疑者から自白を引き出そうとする。早朝から深夜まで、無制約で長時間の取調べは、もはや当り前のように行なわれている。被疑者はその苛酷さに堪えかね、虚偽の自白をしてしまうのだ。そうなると、裁判所で覆すのは至難である。

「やってもいないことを自白するわけがない」と、多くの人は思うだろう。

しかし、有名な冤罪事件のケースで被疑者が逮捕されてから自白するまでの日数は、免田事件が三日、八海《やかい》事件が二日、島田事件が三日、松山事件が五日などとなっている。いずれも死刑事件だが、被疑者とされた人々は重大事件にもかかわらず、わずか数日のうちに自白してしまっているのである。

このことは、捜査・訴追機関の取調べがいかに苛酷かつ、巧妙であるかを物語っている。

接見妨害と自白偏重

これまで、起訴前の被疑者は弁護士を選任できなかった。被疑者段階の国選弁護人制度は、〇四年の刑訴法改正によって、〇六年一〇月からスタートしたばかりだ。

しかし、重大事件や否認事件の場合、弁護士の接見さえも〝妨害〟されることが少なくない。

被疑者には外部の人物と面会し、物品などを受け取ることができる「接見交通権」がある。刑事訴訟法三九条一項は、被疑者は防御活動のため、弁護士と立会人なしで接見できることが認められている。

しかし同条の三項には、検察や警察が捜査のため必要がある時は「接見指定」によって、接見が制限できるとあるのだ。その要件は取調べ時間の確保や、罪証隠滅のおそれなどが理由とされ、弁護人に対して接見できる日時、場所、時間などを指定できる。被疑者はまさに孤立無援状態に置かれ、音を上げてしまいかねない。

接見交通権をめぐる捜査当局との攻防を記録した『苦闘の刑事弁護』（現代人文社、二〇〇七）

の著者、若松芳也弁護士は「被疑者との接見を妨害する『接見指定』は違憲」として、三度にわたって国賠訴訟を起こしてきた。

接見指定の要件である「捜査のため必要があるとき」について、最高裁が〈弁護人から接見の申し出を受けた時に、捜査機関が被疑者を取調べ中である場合、実況見分、検証等に立ち合わせている最中である場合、また、間近い時に取調べをする確実な予定があって、弁護人の申し出に沿って接見を認めたのでは取調べが予定通りできなくなるおそれがある場合、原則として取調べの中断などによって捜査に顕著な支障が生ずる場合に当たる〉と判断した例がある。

この最高裁判例を「接見指定の濫用に歯止めをかけたもの」との評価もあるが、若松弁護士は著書のなかで厳しく批判している。

〈被疑者の弁護人の援助を受ける憲法上の権利なるものは、取調べ中又は取調べの予定があれば、弁護人接見を「申出とは別の日時にする」か「接見時間を申出より短縮させることができる」というのである。この結論は、被疑者の弁護人依頼権よりも「合理的な調整」という名のもとで、捜査権を常に優位におく考えである〉

〈これでは、最高裁が憲法で保障しているという弁護人依頼権なるものは画餅に等しいというべきである。何故なら、被疑者にとって弁護人の援助が最も実質的に必要な場合とは、厳しく追及されて困窮している取調べ中の時であるからである〉

若松弁護士が語る。

「接見指定の要件がないにも関わらず、接見拒否や中止など妨害されたり、時間を制限されたりします。法的に何の根拠もない指定書（弁護人に対して接見を許可するという書式で、検察が発する）の持参を求められたこともあります。こうした違法な指定をして警察・検察は被疑者の調書を作成するわけです。裁判でその供述調書に全面的に依存しているのが、刑事裁判官たちです。調書を鵜呑みにすれば、公判の処理が効率的で手っ取り早く済むからです。

接見妨害には、そのつど国賠訴訟で対抗するしかないと思います。刑訴法三九条三項は、弁護依頼権を保障した憲法三四条に違反します。ただちに削除すべきです」

勾留が長期に継続すれば、それだけ自白が引き出しやすくなることは言うまでもない。捜査・訴追機関がデタラメな取調べを続けてきたのも、裁判所が一貫して「自白偏重」のスタンスを取ってきたからだ。

丸のみされる捜査機関のシナリオ

警察の取調べの酷さを十分認識していながらも、捜査機関のシナリオをそのまま追認する。裁判所の〝本質〟をよく示した事例を紹介しよう。

「別件逮捕勾留によって自白調書が作成された」として、その調書の証拠能力および別件勾留の違法性が争われた裁判があった。〇〇年一一月の東京地裁判決で、結果的には勾留期間の一部が違法に当たると認定され、判例にもなっている。

一九九八年七月、中国人男性が旅券不携帯で現行犯逮捕される（出入国管理及び難民認定法違反）。処分保留のまま釈放されたが、同時に偽造有印公文書行使事件で再逮捕される。その起訴から二一日後に、強盗致傷事件を自白して再々逮捕されたというものである。

実質的には、旅券不携帯事件などの勾留期間中に強盗傷害事件を取調べており、身柄拘束は違法と判断された。裁判所はこの勾留期間中に得られた自白調書などの証拠能力を否定したのである。

公判で被告は、強盗事件による逮捕後の自白についても任意性を争った。「取調べの際、警察官から殴られたり、蹴られたりした」と主張した。また、中国在住の母親から警察署に送られてきた戸口簿（中国の戸籍謄本）の表紙を、警察官が丸めて投げたり、封筒に火をつけたりしたという。

この戸口簿は被告に還付され、裁判所に証拠として提出された。戸口簿の表紙には多数のしわがあり、丸めた後、アイロンをかけるように圧し延ばされた形跡があった。さらに、表紙裏には火であぶった時にできるような茶色の染みがあった。封筒には角が三角形に切り取られており、その切り口付近にも茶色の染みが認められた。警察官はそうした行為のすべてを否定し、戸口簿が変形、変色した理由は「わからない」と証言している。

さらに被告は自白した理由を、十数日間も朝九時から夜一一時まで取調べがあり、長時間立たされ続けて、耐えられなくなったとする。

違法勾留に続いて、本件の逮捕後も違法の疑いのある取調べがあったことがうかがえる。ところが、裁判官の判断はあらぬ方向に突き進むのである。

〈被告人は夕方の比較的早い時点で自供を開始したことがうかがわれ、被告人の供述する取調べ状況とは相容れないものである〉

〈警部補は、被告人が痔疾のために同じ姿勢で座り続けることが辛そうな態度を示したことから、取調べ中に立つことを認めたことがある旨証言している〉

結局、殴られたり蹴られたりしたという被告人の供述は、断片的で具体性に乏しいとして退けられた。警察官の暴力に関する被告人の公判供述は、戸口簿の件を除いて、そのまま信用するのは困難である、と結論づけられたのである。逮捕後の供述調書は証拠として採用され、この被告は強盗傷害事件はじめ全事件で有罪判決を言い渡された。

裁判官は、戸口簿のように物証があるものは認めざるを得なかったのだろうが、法廷証言において警察官と対立したものは、ことごとく被告側の主張を退けたのである。

『刑事裁判の心――事実認定適正化の方策』（法律文化社、二〇〇四）などの著者で、元東京高裁部総括判事の木谷明氏（法政大学法科大学院教授）が、この判決を批判する。

「この裁判の決定はかなり問題だと思います。警察官の証言が『戸口簿』のような物的証拠があれば虚偽と認めながら、どうして他の証言の信用性に疑問を持たないのでしょうか。私には『苛酷な取調べを受けた』という被告人の供述より警察官の証言のほうが信用できるとしたこの決定の説明が理解できません。結局、裁判官の決定理由からは、自白が苛酷な取調べによって得られた疑いが解消されていません。そうであれば、原則に立ち返って、この自白調書の任意性を否定すべきです。

確かに、取調官の証言を排斥して自白の任意性を否定するのは、裁判官として勇気が要ります。しかし、裁判官がこの問題を乗り越えない限り、正しい刑事裁判は実現しません」

志布志事件を引き起こしたもの

木谷氏はそう指摘したうえで、「取調べの可視化」の必要性を説く。

「取調べ状況に関する事実認定は『言った、言わない』の水掛け論になりやすく、時間も浪費されます。いま盛んに言われている〝取調べの可視化〟がどうしても必要です。もっとも、捜査側は容易に認めないでしょうが、現場の裁判官が一致して、『取調官のあやふやな証言では、自白の任意性は立証できない』という断固たる姿勢を明確に打ち出せば、〝取調べの可視化〟は実現するはずです」

「取調べの可視化」とは、これまで密室で行なわれてきた取調べの状況をDVDなどで録画・録音することだ。自白の強要や誘導など違法な取調べをなくすための試みである。

法務・検察サイドは「可視化すると真犯人が自白しなくなる」と抵抗していた。しかし、裁判員制度をにらみ、わかりやすい裁判が求められるようになる。そのためにも「取調べの可視化」は不可欠な要素になるといわれている。すでに、最高検察庁は方針を転換し、取調べの一部を録画・録音することを決めた。

しかし、懸念が残る。検察側に都合のいい部分——例えば、自白部分だけを録画・録音するというのでは、「取調べの可視化」が実現したとは到底いえないだろう。全過程を「可視化」しなければ、この制度は形骸化するだけである。

そして何より問題なのは、警察の取調べについては手つかずのままということである。本来ならば、警察の取調べこそ真っ先に「可視化」が必要なのは、「志布志事件」からも明らかだ。

「志布志事件」はメディアで大々的に取り上げられ、社会的な注目を浴びた。〇三年四月の鹿児島県議会議員選挙をめぐる選挙違反事件で、志布志町（現在の志布志市）の住民一三人が逮捕・起訴されたが、その後、全員の無罪が確定している（〇七年二月二三日・鹿児島地裁）。

県議選で初当選を果たした県議の陣営に対して、志布志署は公職選挙法違反容疑で捜査を開始する。選挙運動に絡んで、買収目的で酒やビール、現金を有権者に供与したとして、県議の支持者や有権者に苛酷な取調べを始める。接見禁止、長期勾留の状態で、連日夜遅くまでの取調べが行われた。罵倒し、机をガタガタ揺すって虚偽の自白を強要するといった違法捜査が行われた。

ホテル経営者に対して、任意聴取時に取調べ刑事が〝踏み字〟を強要したのは極めつけだった。ホテル経営者の父親や孫など家族の名前と、「正直なじいちゃんになって」などとメッセージを書いた三枚の紙を置き、足を持ち上げて何度も無理やり踏ませている。

青山学院大学法科大学院の宮澤節生教授は、司法制度改革で「取調べの可視化」について〝警察〟が議論の対象外になったことを厳しく批判する。

「検察だけでなく、警察にも『取調べの可視化』は及ばなければなりません。取調べの任意性の証明になるわけですから、本来、警察にも有益なはずです。しかしながら、司法制度改革審議会では警察については何の議論もありませんでした。『取調べの可視化』というのなら、取調べ時の弁護人の立会いも認めるべきですが、議論もなくおざなりにされています」

遠のいた代用監獄の廃止

また、「代用監獄」制度も温存されている。

本来、被疑者は勾留決定されるのが拘置所に移されるのが原則である。しかし、ほとんどのケースで警察の留置場に収容されている。拘置所の収容能力の不足を補うことを理由としており、留置場を監獄の代用とする日本独特の制度だ。被疑者を警察の管理下に置くことができるので、警察にとって利点が多い。被疑者が二四時間、警察の手中にあることで取調べも思うがままだ。連日、朝から晩までの長時間の取調べが可能となる。この状態で最大で二三日間、留め置かれる。このため「虚偽自白・冤罪の温床」との批判が根強かった。

ところが、改正監獄法による「刑事収容施設及び被収容者の処遇に関する法律」が〇六年三月に成立する。この法律によって、例外的な措置だった「代用監獄」は、「留置施設」として規定され、存続することになった。廃止を求める声を振り切り、「代用監獄」の恒久化に法的根拠を与えたのである。

司法制度改革は、裁判員制度を〝目玉〟にしたことで、本質的な改革とすり替えられた。被疑者あるいは被告人を長期間にわたって身柄拘束する「人質司法」、代用監獄の廃止、徹底した「取調べの可視化」など、「刑事司法改革」と銘打つならば、先にメスが入れられるべき問題は積み残されたままだ。

犯罪は取調室で作られ、裁判所がそのまま追認する。その結果、夥しい冤罪を生み出してきた。これは「権力犯罪」と言うべきである。

「無罪推定原則」も「疑わしきは被告人の利益に」も口にするのも憚《はばか》られるほど実体のカケ

ラもない。起訴されれば、有罪率は限りなく一〇〇%に近い。精神を病んだ人間でも死刑台に吊るす。

そんな「民」を大切にしない国に、私たちは生きている。

第3章

死刑乱発・厳罰化が社会にもたらしたもの

光市母子殺害事件を焦点として

重大事件を審理する裁判員裁判は、すべての死刑事件を〝裁く〟ことになる。私たちは裁判官とともに、時に死刑という重い判断を強いられることになるのである。

山口県光市の母子殺害事件は、二〇〇六年三月一四日、最高裁第三小法廷（浜田邦夫裁判長）で二審の無期懲役判決を「刑の料定は甚だしく不当で、著しく正義に反する」として破棄し、広島高裁に差し戻した。極刑を求める世論に迎合し、最初から死刑ありきの結論だったとしか思えない。

犯行時一八歳の少年だった被告（二七歳）に対し、一・二審の六人（合議体で三人ずつ）の裁判官は更生可能性を認めていた。また、被告の母親は中学時代に首吊り自殺するなど、生育環境の不遇さも考慮し、被告に生きて償《つぐな》わせる選択をした。それを覆した最高裁は、判決で「特に酌量すべき事情がない限り、死刑を選択するほかない」とまで言及した。

言うまでもなく、犯行の結果は憎むべきものである。

一、二審の判決によれば、少年は一九九九年四月一四日、下水の工事人を装って光市の社宅アパートを回った。会社員の本村洋さん宅に入り、妻の弥生さん（当時二三歳）を強姦目的で襲い、抵抗されると首を絞めて殺害し、粘着テープで遺体を縛って陵辱した。同じ部屋にいた長女の夕夏ちゃん（生後一一ヵ月）が泣き続けたため床に叩きつけ、紐で絞殺した。少年は二人の遺体を押入れに隠し、地域振興券と小銭の入った財布を盗んだ――とされている。

広島高裁における差戻し控訴審は、公判が一二回にわたって開かれ、二〇〇七年一二月四日に結審した。判決期日は〇八年四月二二日で、本稿が世に出るころには、結果が出ていることになる。

バッシングされる事実究明

主任弁護人の安田好弘弁護士はこう振り返った。

「一・二審の認定には重大な事実誤認がありました。差戻し控訴審は、実質的な第一審だったと思います」

以下、少年自身が弁護人に語った話、裁判資料などをもとに若干の補足を加え、犯行に至る経緯を説明する。

事件当日の朝、少年は勤め始めたばかりの会社に出勤するふりをして自宅を出た。就職して二週間しか経っていなかったが、登校拒否のように出社できなくなったという。午後三時に無職の友人とゲームセンターで遊ぶ約束をして、午後一時ごろ自宅にいったん戻り、一時四〇分ごろ家を出た。約束の時間までにはまだ一時間以上ある。時間を潰すため、社宅アパート群のインターホンを一軒一軒鳴らす悪戯を思い立つ。相手が出ると、給排水の会社から排水の検査に来たと称して「トイレの水を流して下さい」などと言って歩いた。

アパートの一〇棟から順に下って行き、七棟の本村さん宅のインターホンを押した。弥生さんは「どうぞ」と、少年を室内に優しく招き入れた。本村さん宅では二ヵ月前にも下水道の工事をしており、弥生さんは少年の言葉に何の疑いも持たなかったのである。被害者にとって不幸であり、少年には予想外の展開だったのである。

少年はトイレに入り、弥生さんに「ペンチを貸して下さい」と言うと、手渡してくれた。トイレで一通り点検の真似事を終えると、少年はペンチを返すために居間に入った。弥生さんは座椅子に座り、夕夏ちゃんを抱いて寝かしつけていた。

そんな弥生さんの姿に、少年は「こんなお母さんの子どもに生まれたら、どんなに幸せだろう」と淡い思いを描いた。弥生さんから「ご苦労さま」とねぎらいの言葉をかけられると、無性に甘えたくなった。少年は母親に甘えるように、弥生さんを背後からそっと抱きしめてしまう。

しかし、弥生さんにしてみれば、見ず知らずの男にいきなり抱きつかれたのである。どれほど怖かったことだろう。当然のことながら激しく抵抗する。少年は暴れる弥生さんを押さえ込もうと必死になる。この間、弥生さんの衣服に手をかけ、脱がそうとはしていない。背後からプロレス技のスリーパーホールドのような体勢で首を絞めると、弥生さんは瞬時に〝落ちた〟が、すぐに目覚めて金属製の器物で反撃した。少年は弥生さんを黙らせようとして右手で口を塞いだ。その手がずれて、首を押さえて窒息させてしまったというのである。

原審では、少年は弥生さんに馬乗りになって、両親指に力を入れて喉仏のあたりを思い切り押さえつけるようにし、また、両手で全体重をかけるようにして首を絞めたと認定している。しかし、弁護側が依頼した鑑定結果によると、両手で絞めた時にできる左右対称の扼痕《やくこん》（首を絞めた時にできる手の痕）がなく、片手の逆手《さかて》で押さえた痕があるだけだという。

また犯罪心理鑑定によれば、少年の行動は甘えたい気持ちを拒否され、錯覚から現実に引き戻されて慌てふためいたとする。パニック状態になり、弥生さんの反撃に対して、過剰防衛的に反撃に出たとの見方も示す。

少年は、ガムテープで弥生さんの手足を縛り、口を塞いだのは再び抵抗されないためだった。この段階では、少年は弥生さんを殺してしまったとは思っていなかった。

気絶しているだけかもしれないと思い、セーターをたくし上げたり、お腹の辺りに耳を近づけたりしている。その時、排泄物の臭いに気がつく。ジーンズと下着を脱がし、脱糞を確認すると、少年は呻き声を上げてその場に立ち上がった。弥生さんの死を確認するとともに、フラッシュバックを起こしたのである。

少年が中学一年の時、母親が自宅のガレージで首を吊って自殺している。父親のドメスティック・バイオレンス（DV）を苦にしていたといわれる。居間に横たえられた母親の傍らで、少年は弟とともに座り込んで泣いているが、この時、母親が脱糞しているのを目の当たりにしていたのである。

自らの行為により、弥生さんを死に至らしめてしまったことに少年は驚愕し、パニック状態になった。やがて傍らで夕夏ちゃんが泣き出した。少年は当初、泣き止ませようと抱き上げてあやしている。その際、不器用な少年は中腰の姿勢で、床から四〇センチほどの高さから夕夏ちゃんを誤って落している。夕夏ちゃんの後頭部の損傷は、小さな皮下出血が三ヵ所に認められる程度である。もしも、裁判所が認定したような、頭上から力一杯「仰向けに叩きつけた」事実があったのであれば、この程度では済まないだろう。鑑定によれば、後頭部に生じるはずの強い皮下出血や頭蓋内の損傷は認められていない。また、生後一一ヵ月であることを考えれば、その時点で即死していてもおかしくないとしている。床には比較的固い電気カーペットが敷かれ、衝撃を吸収したとは考えにくい。

この間、少年は夕夏ちゃんを風呂桶や押入れの天袋に入れている。パニック状態になって、風呂桶をベビーベッドに見立ててしまったのだが、その時、赤ちゃんを抱いた弥生さんの幻影を見ている。実母には、幽霊でもいいから会いたいと念じていたという少年は、幽霊の存在を信じていた。

押入れに入れたのは、「ドラえもんが何とかしてくれる」と思ったからだが、この供述は社会的な非難を浴びた。確かに、一八歳の少年の言葉としては、いかにも荒唐無稽である。そうすれば泣き止むと思ったというから、幼稚な行為というほかない。しかし、この時の少年は実母が亡くなった一二歳レベルまで退行していたと見られている。実際、少年は捜査段階でも「ドラえもん」の話をしていたが、捜査官にバカにされて、記録に残されなかったというのである。

夕夏ちゃんの首に紐を二重に巻きつけ、蝶々結びで留めたのも泣き止ませるためであり、殺意はなかった。結果的に、この紐によって夕夏ちゃんは窒息死してしまう。首にむくみが生じて、二次的に紐が締まってしまうこともある、と鑑定は指摘している。検察調書では、少年は「手が紐で白くなるまできつく締めた」とするが、夕夏ちゃんの首には緩やかに絞められた紐の痕が残されているだけである。

少年は、タオルやティッシュペーパーを使って、被害者の汚物を拭いている。セックスをするためとの見方をされているが、執拗なほど丁寧に、何度も拭いている。母親に対する思いや、幽霊が現れたのは汚物をそのままにしていたからだという畏《おそ》れもあった。

「反省なき人物像」を売りたいのは誰か

少年が亡くなった弥生さんを姦淫しているのは確かだ。行為じたいは唾棄すべきものである。しかし、小説「魔界転生」で女性を姦淫行為で甦《よみがえ》らせる場面があり、生き返ってほしいとの願いから行為に及んだのだという。

多くの人は、こうした主張に違和感を覚えることだろう。あるいは、性衝動もあったのかもしれない。しかし、強姦目的だったとする犯行の「計画性」には疑問を抱かざるを得ない。

少年は会社のネームが入った作業着で、排水検査と称して何軒も回っている。そんな格好で、強姦相手を物色するだろうか。また、訪問先のなかには、非番の男性が寝ぼけながら応対した家庭もある。行き当たりばったりの犯行と見るのが、むしろ妥当ではないだろうか。

むろん、本村さんには何の落度もないのに妻子を殺害されたのであり、その事実は厳然としている。遺族の無念さは想像を絶する。だが、裁判はあくまでも〝事実認定の場〟である。遺族感情がないがしろにされてはならないが、過度に持ち込まれると適正な判断は失われかねない。

安田好弘弁護士が指摘する。

「少年は日常的に父親から虐待を受けていました。包丁を突きつけられたこともあれば、逆さまに持ち上げられて浴槽につけられたこともありました。自分自身と母親への虐待によって、少年は精神的発達が阻害され、社会的自我が形成されなかったのです。少年を実年齢で裁いてはならず、少年事件として扱われるべきです。

一、二審の時、少年の心理状況は、検察が描いた猟奇的な強姦ストーリーをそのまま受け入れることが償いだと思っていました。検察官から『レイプ目的ではないと言い張るなら、死刑の公算が高まる』と言われていました。少年はレイプのことを『押しの強いエッチ』という認識で、強姦と同義とさえ思っていませんでした。殺人と傷害致死との区別もついておらず、少年の未熟さと、無知、孤独に乗じて虚偽の自白をさせたのです。

法廷で審理されてきたことがあまりにも真相とかけ離れていたため、少年は自分が犯したこととして実感が持てなかったのです。彼はそこに大人たちの嘘を見るわけです。少年の心底にあるのは、大人に対する不信感です。母親に死なれ、父親は再婚して義弟が生まれた。母の死の悲しみは父親と共有できず、彼は自分が置き去りされたという気持ちを強く持った。その不信感は遺族の本村洋さんにも向けられました。『僕は失ったお母さんを語る時、泣かないでおこうとしても泣いてしまった。でも、（法廷で見た）本村さんの目に涙はなかった。身なりもきちんとしていた。本村さんは本当に哀しんでいるのだろうか』と。そんなことで人の哀しみを測るものではない、と怒られても不信感はなかなか消えませんでした。彼には自分が犯したことに対する視座を持つまでに社会性が成長していなかったのです」

少年は一審判決後、山口刑務所の未決監で隣房の受刑者に、被害者を中傷する手紙を出している。先に受刑者から挑発されるようなふざけた手紙を受け取ったからだ。刑務所は、受刑者が不穏当な手紙を出したことを黙認していた。そのうえで、受刑者から少年の手紙を提出させた。そして、メディアは、少年が反省していない〝証拠〟として、手紙の内容をさんざん喧伝したのである。

〈被害者さんのことですやろ。ありゃ、ちょーしづいてると思うとりました〉

〈犬がある日かわいい犬と出会った。そのままやっちゃった。これは罪でしょうか〉

確かに酷いことを書いている。しかし、当時の少年は自暴自棄の状態で、しかも相手から挑発されて書いたという経緯が二審では考慮された。二審の判決文にはこうある。

〈被告人の手紙の内容には、相手から来た手紙のふざけた内容に触発されて、殊更に不謹慎な表現がとられている面もみられるとともに、本件各犯行に対する被告人なりの悔悟の気持ちをつづる文面もあり、（中略）被告人は自分の犯した罪の深刻さを受け止めきれず、それに向き合いたくない気持ちの方が強く、考えまいとしている時間のほうが長いようであるけれども、公判廷で質問をされたという余儀ない場合のみならず、知人に対して手紙を書き送るという任意の場合でも、時折は、悔悟の気持ちを抱いているものと認めるのが相当である〉

少年の手紙から

二審判決から二年を経た〇六年二月末以降、少年と面会し始めた安田弁護士は「人間とはこんなに変われるものかと驚きました。彼は本村さんの調書も読み始め、死刑判決が出ようとも生きている間は謝罪し続けなければいけないと考えるようになっていきました」という。

「一九八八年に起きた強盗強姦殺人事件で、当時一九歳だった主犯格の少年（一審で死刑、二審の無期懲役が確定）は、遺族に謝罪の手紙と作業賞与金を送り続けています。事件から九年後、突然、被害女性のお父さんから『がんばれ』という激励の手紙が届いたといいます。彼は、服役先で模範囚になっています。いま、光市の少年は、彼を〝先輩〟として、手本にしようとしています。〝先輩〟から手紙も届いて、『反省ができない人間だからこそ、こんな重大な犯罪を起こしてしまうのだ。なぜ反省できないのか自分を見つめ直せ』と促されました。少年は真摯に謝罪すれば、いずれ許してもらえるかもしれないと、内省を深めています。私は加害者が処刑されて癒される人はいないと思う。加害者が反省し、生涯をかけて贖罪し更生していくなかに、その人の人間性を見出すことが、本当の赦しと癒しにつながると信じています」

少年と〝先輩〟の文通は、安田弁護士を通じて、やり取りされている。

〝先輩〟が少年に宛てた〇七年六月の手紙を紹介しよう。自身の体験を綴り、少年を励ましている。

〈私たち加害者が誠意を持って誠実に謝罪などを続けていったとしても、たとえ少しでもご遺族の方の心の平穏を回復させることは決して簡単なことではありませんが、でも、しっかりとご遺族の方と向き合って謝罪し、償う姿勢を長期間にわたって続けていけば、たとえ許してもらうことは出来なくても、もしかしたらいつかはその姿勢や努力を少しは認めて下さることがあるかもしれません。

私が現在行っている作業報奨金による送金や謝罪文の送付に対して、お二方のご遺族の内の一方のご遺族の方が一昨年三月と昨年の一二月にそれぞれ私に対してお礼と励ましのお手紙を書いて下さいました。

のこり一方のご遺族の方というのは、まだ私が裁判をやっている時に、私からの謝罪の言葉に対して〝奴がたとえ何を言っても私の気持ちは変わらない。私が生きている限りは一生奴らを恨んでいく～〟などとおっしゃっていたご遺族の方です。

もちろん、これで決して許された訳ではありませんが、上記のようなことをおっしゃっていたご遺族の方が、人としての温かさを持って私に接して下さり、私がしっかりと更生し、社会に貢献することが出来るような人間になってくれることを望んでおられるとのことです。

これは私が裁判をやっていた当時からは、とてもじゃありませんが想像すら出来なかったことですし、もし私が死刑になっていたとしたら、絶対にあり得なかったことです〉

少年も〝先輩〟に手紙を書いている。〇七年二月の手紙には、多くの弁護士のおかげで〈自分の弱さを再発見でき〉たとして、〈とても、僕は幸せ者です〉と綴り、こう続けている。

〈しかし、幸せになればなるほど、先ほどの亡くなられたお二人のことが気にかかり、素直に感謝できない自分を感じ、目を背けたくなるこの弱さが……辛いのです。しかし、もとより遺族の皆様はさらに辛く、その辛さを引きずることなく、抱えて生きておられ、昔の僕のような身勝手な暴言の一つもこれまでになく、日々、生活を送られているとのこと、亡くなられたお二人の旦那さんには愛する二人のために闘える勇者であり、僕は愛する母を失った時にいわば逃げてった逃亡者です〉

○七年四月の手紙には、こう書く。

〈ぼくは先輩の文面を見ていてとちゅうで「うるっ」と涙が出そうになり、泣いてしまいましたが、今回のお言葉どおり、泣いてしまいました。「ぽたっ、ぽたっ」とおちる涙がいつか力になってゆく日を胸にぼくもひたむきに走ってゆきますので、これからも声援（文通）よろしくお願いいたします〉

〈共になくしてしまったものは共につくろい、共におぎない、共に見つけ、共に「心」を得、いつしか本当の償いができるように共に思考し、具体案をしめすことによって御遺族のみなさんと国民のみなさんの「心」のゆとりをつちかうべくこれより後も共に頑張りましょう〉

償いの気持ちを適切に文章化できてはいない部分もあるが、贖罪の念は伝わってくる。反省の思いを多くの人々が納得できるような表現で伝えられるようになるまでには、まだまだ時間がかかるかもしれない。その可能性を奪ってはならない。

被害者感情の代弁という倒錯

本村さんは、差戻し控訴審で「死刑を求める」と意見陳述している。しかし、二審の無期懲役判決時、「あまりにも軽すぎる」と批判する一方で、「少年には長く厳しい期間が始まる。立派な人間になってほしい」とも語っている。遺族感情も揺れ動いており、決して一様ではない。本村さんが望んでいるのは「死刑」というより、現存する「最も重い刑」なのかもしれない。少年が「最も重い刑」で裁かれることは、奪われた命のかけがえのなさを再確認することなのだろう。

無期懲役を言い渡した二審の広島高裁の閉廷後、被告人や傍聴人は退廷したが、本村さんは傍聴席からすぐに立ち上がれないでいた。重吉孝一郎裁判長も席に座ったまま、じっと本村さんを見つめていた。後日、すでに退官した重吉裁判長にその理由を新聞記者が尋ねている。裁判長はこう答えた。

「遺族には気の毒な結論でした。何か発言されるのではないか、何かほとばしるものがあるのではと感じました。それを受け止める責任が、私にはあると思ったのです」(「大阪読売新聞」夕刊、二〇〇六・七・一五)

しかし、裁判長に気づいた本村さんは言葉を発することはなく、立ち上がって頭を下げた。

裁判長も立ち上がって黙礼し、退廷した。

重吉裁判長を知るベテラン裁判官の一人はこんな感想を漏らす。

「遺族感情に影響を受け過ぎると、裁判は私事化します。刑事司法は個人の仇討ちを禁じて、公のこととしたからです。検察官だってあくまで公益の代表者であって、被害者の代理人ではない。重吉裁判長は厳正に審理し、妥当な判断をしたと思います。しかし、裁判所はこれまで被害者の遺影の持ち込みまで拒否したこともあり、遺族に対する配慮を欠いてきたのも事実です。重吉裁判長は遺族の気持ちを慮《おもんばか》って、誠意を見せたのでしょう」

量刑事情に詳しい明治学院大学法学部の城下裕二教授はこう指摘する。

「被害者感情の考慮は、量刑に求めるべきものではありません。もちろん、量刑によって被害者感情が一時的に慰撫されることはあると思います。ですが、むしろ被害者保護は刑事手続以外のところで手厚く実践されなければならない。重罰化に慎重であることと、被害者保護の思想は矛盾しないはずです」

永山則夫と死刑の「基準」

二審が下した無期懲役判決を最高裁が量刑不当を理由に破棄したのは、実は光市の事件を含めて三例しかない。初めてのケースは「永山事件」だった。両者に共通するのは、事件当時、ともに死刑が科せられる年長少年（一八～一九歳）だったという点である。「永山事件」は戦後犯罪史上でも、あまりにも有名な事件なので、ここでは経過を簡単に説明する。

永山則夫は一九六八年一〇月、米軍横須賀基地から盗んだ小型ピストルを使って〝連続射殺魔事件〟を起こす。わずか一ヵ月足らずの間に、東京・京都・函館・名古屋でガードマンやタクシー運転手ら四人の命を奪った。犯行当時、永山は一九歳の少年だった。

生い立ちは極めて不遇だった。永山は四九年、北海道網走市呼人番外地の貧しい家庭に生まれる。賭博に明け暮れた父は後に失踪《しっそう》する。五歳の時、母親は永山を含む四人の子を置き去りにして出奔《しゅっぽん》。翌年、栄養失調状態のところを、福祉事務所に救出され、ようやく青森に住む母親の元に引き取られる。

一三歳の時、蒸発していた父親が岐阜県の路上で死亡しているのを発見される。永山は小・中学校を通じて新聞配達をしてきた。学校は長期欠席で家出を何度も試みた。一六歳で中学を認定卒業すると、集団就職で上京する。しかし、就職先でも同僚たちと馴染めず、フルーツパーラーやレストランのボーイなど職を転々とすることになる。この間、二度の密航を企てるが失敗に終わる。自殺未遂もくり返し、絶望的な彷徨《ほうこう》の果てに事件を起こすのである。

逮捕後、永山は被害者に慰謝しながら、自身の犯罪の根源に「貧困」と「無知」があったとの結論に至る。七一年、獄中ノート『無知の涙』（合同出版）を出版し、ベストセラーとなる。その後も執筆意欲は旺盛で、印税を遺族に送り続けた。八三年には、自伝小説『木橋』（立風書房）で新日本文学賞を受賞している。

七九年七月、永山は東京地裁で死刑判決を受けるが、八一年八月の東京高裁判決で無期懲役に減刑される。犯行当時少年だったことや、劣悪な生育環境を考慮しての判断だった。

東京高裁の船田三雄裁判長は判決文でこう述べている。

〈被告人は犯行当時一九歳であったとはいえ、実質的に一八歳未満の少年と同視し得る情況にあったとさえ認められるのである〉

〈かような劣悪な環境にある被告人に対し、早い機会に救助の手を差しのべることは、国家社会の義務であって、その福祉政策の貧困も原因の一端というべきである。換言すれば、本件のごとき少年の犯行について、社会福祉の貧困も、被告人とともにその責任をわかち合わなければならない〉

少年法によって、犯行時一八歳未満の者には死刑を科せない。船田判決は永山が精神的に未成熟であったことを理由に、死刑を回避したのである。さらに、死刑の適用についても見解を示し、〈死刑を選択するのは、いかなる裁判所であっても死刑を言い渡す事件に限る〉と述べたのだった。

船田判決の前年、永山は文通相手の女性と獄中結婚している。夫人は弁護人とともに、永山が殺害した四人の遺族を訪ね歩いて、謝罪するとともに結婚の赦しを乞うている。永山は高裁の船田判決を受け、自ら生きる意志を固めたことは想像に難くない。

だが、高裁判決からほどなくして、量刑不当を理由に検察側は上告する。八三年七月、最高裁第二小法廷（大橋進裁判長）は無期懲役判決を破棄し、高裁に差し戻す。事実上、死刑にするために改めて審理のやり直しを命じたのである。

最高裁も〈幼少時から赤貧洗うがごとき窮乏状態で育てられ、肉親の愛情に飢えていたことは同情〉すべきと述べている。しかしながら、次の一文は、社会的弱者に対する眼差しを決定的に欠いている。

〈しかし、同様の環境的負因を負う（永山の）兄弟は、被告人のような軌跡をたどることなく、立派に成人している〉

そのうえで、二審の船田判決を〈はなはだしく刑の量定を誤ったもので、これを破棄しなければ、いちじるしく正義に反する〉と批判したのである。

最高裁によって二審判決が破棄された数日後、弁護団の一人、大谷恭子弁護士は永山に接見した。

「生きたいと思わせてから殺すのが、お前らのやり方か」

「なぜ生きろと言った」

永山は静かな口調で詰《なじ》った。その言葉が大谷弁護士には忘れられない。

「最高裁の裁判官五人は永山君の顔を見ることもなく、結局、死刑を選択したのです。そこにあるのは、応報感情だけです。そして、四人も殺した者を無期にすることによって、死刑制度が形骸化することを恐れたのです。船田判決は『原審が死刑判決を選択したことは首肯できないわけではない』とも述べており、無期は審理を尽くしたうえでの総合的な判断でした。永山君を再び死刑にしたのは、死刑制度を維持するためとしか思えませんでした」

永山は差し戻し審での死刑判決を経て、九〇年五月、最高裁で死刑が確定した。九七年八月一日、永山に死刑が執行された。享年四八だった。

八三年の永山に対する最高裁判決（差し戻し判決）では、死刑の選択基準が示された。のちに「永山基準」と呼ばれるものである。以来、死刑の是非については、以下の九項目で総合的に判断することになった。

①事件の罪質　②動機　③事件の態様（特に殺害手段の執拗性、残虐性）　④結果の重大性　⑤遺族の被害感情　⑥社会的影響　⑦被告の年齢　⑧前科　⑨事件後の情状――。

死刑の運用に慎重を期すのが建前上の理由となっているが、近年の厳罰化ムードのなかで、事実上形骸化してしまっている。

死刑問題に詳しい菊田幸一弁護士（明治大学名誉教授）が批判する。

「永山基準じたいが一応の目安に過ぎず、実際は死刑と無期懲役の境界は曖昧です。光市のケースで見ても、最高裁の差し戻し事由のなかで、この永山基準には一切触れていません。最高裁の破棄・差し戻し判決は、『一事不再理』（確定した判決がある場合には、その事件について再度、実体審理をすることは許されないとする刑事訴訟法上の原則）に反しています。そもそも、下級審よりも最高裁の判断のほうが正しいとは限りません。それを否定するのなら、司法権の独立は侵されることになります」

日本の裁判所では、量刑不当を理由にした検察官上訴が認められている。「一事不再理」に反するとの意見も根強くあるが、一審から控訴審、上告審まで一連の手続き（一つの危険）と解釈しており、二重処罰を禁じた「二重の危険（ダブル・ジョパディー）」に当たらないという考え方をとっている。しかし、英米では、量刑不当を理由にした検察官上訴や、無罪判決に対する控訴を原則的に認めておらず、わが国においても菊田弁護士が指摘するような批判が根強い。

「量刑不服」――検察による厳罰要求

永山に続く二件目のケースも異例だった。

九九年一一月からわずか一ヵ月の間で、最高裁は五件の強盗殺人事件について判決を言い渡している。この「五判決」はいずれも二審の無期懲役判決を不服として、検察側が死刑を求め、連続上告したのである。

事件は最高裁の判決順に、九二年一〇月に発生した「国立市・主婦殺害事件」、九二年三月の「福山市・独居老人殺害事件」、九一年一一月の「札幌市・道職員夫婦殺害事件」、九四年一〇月の「岸和田市・銀行員殺害事件」、九三年一二月の「倉敷市・両親殺害事件」である。

この連続上告による「五判決」のうち、控訴審判決を破棄し、差戻したのが「福山市・独居老人殺害事件」だった。他の四事件は、無期懲役が確定している。「福山市・独居老人殺害事件」が他の事件と異なっていたのは、仮釈放中に事件を起こしたことだった。

元ワックス販売業の西山省三被告(五五歳)は、一九七三年に山口県で起こした強盗殺人事件で無期懲役判決が確定する。約一四年九ヵ月服役し、仮釈放される。その出獄中の九二年三月、西山被告は知人の男性と共謀し、三原市の一人暮らしの女性(当時八七歳)を、福山市の林道で絞殺。さらに、女性のバッグから現金と預金通帳を奪い、銀行と郵便局から約三一万円を下ろした、とされる事件だ。

一審で検察側は死刑を求刑したが、九四年九月の広島地裁判決は無期懲役を言い渡した。判決文は、仮出獄期間中の犯行について「刑事責任は非常に重大」としながらも、酌量すべき事情として、計画性の低さ、逮捕後すみやかに自供し、罪の重大さを自覚していること、前刑の服役態度が真面目だったことなどを挙げた。そのうえで、「改善更生の余地がないとはいい切れない」と判示したのである。

さらに、仮出獄が取り消された再度の服役期間は最低一〇年以上となり、本件判決を合わせると最低でも三〇年程度服役することになり、〈十分な贖罪をさせるうえでも過不足ない〉と言及している。

犯行時の西山被告の年齢を考えれば、妥当な判断と思える。この一審判決は広島高裁における控訴審判決においても支持される。しかし、検察側は量刑不当を理由に上告する。

これを受けて、最高裁（第二小法廷・河合伸一裁判長）は九九年一二月、二審判決を破棄し、広島高裁に差し戻す。判決理由で次のように指摘した。

〈前件の仮出獄中に本件強盗殺人に及んだ被告の反社会性、犯罪性には、到底軽視することができない〉

〈本件で殺害された被害者は一名であるが、被告人の罪責は誠に重大であって、特に酌量すべき事情がない限り、死刑の選択をするほかない〉

また、一、二審が認定した情状酌量については、〈死刑を選択しない事由として十分な理由があるとは認められない〉とし、〈刑の量定は甚だしく不当であり、これを破棄しなければ著しく正義に反する〉と退けた。

明治学院大学の城下裕二教授は、「死刑の是非を判断する基準に『特別予防』が考慮されるべき」と主張している。

犯罪者に刑罰を科すことによって犯罪を抑止するという考え方には、「一般予防」と「特別予防」がある。「一般予防」は刑罰の威嚇効果によって一般人の犯罪を予防することであり、

「特別予防」は犯罪者を矯正・教育あるいは隔離することで再犯を予防する、ことを意味している。

城下教授は、そのうえで西山被告に対する最高裁判決に疑問を呈する。

「最高裁判決は、仮釈放中であったことを過度に不利益に評価していると思います。本件の犯罪責任を前科と関連づけることは、刑法の基本原則である行為責任主義に反する恐れがあります。地下鉄サリン事件で東京地裁が林郁夫被告に無期懲役の判決を下したように、『特別予防』を酌むべき情状に含んで死刑を回避するのは、あるべき判断だと考えます。永山基準が掲げているのは、『罪刑の均衡』と『一般予防』ですが、『特別予防』に言及がないのは、死刑の場合には意味がないと考えたからかもしれません。しかし、死刑か無期かを選択する場合には当然、特別予防は考慮されるべきで、実際に一審の死刑判決を破棄して無期懲役を言い渡したいくつかの事例を見れば、被告人の矯正可能性を考慮しています」

その後、西山被告は差戻し控訴審で死刑判決を受けた。第二次上告審で、二〇〇七年四月一〇日、最高裁（第三小法廷・堀籠幸男裁判長）は西山被告の上告を棄却。死刑が確定した。

凶悪犯罪「激増」のまぼろし

この国を覆う厳罰化ムードの台頭によって、近年、死刑判決や無期懲役判決が増加している。

背景には、凶悪犯罪が増加しているとの認識が社会的に喧伝されているからだ。

平成一九年版「犯罪白書」によると、〇六年の刑法犯の犯罪認知件数は二八八万七〇二七件（前年比七・九％減）。認知件数とは、被害の届出を警察が受理した件数のことである。うち殺人一三〇九件（六・〇％減）、強盗五一〇八件（一四・七％減）などとなっている。白書は、〇二年に戦後最多の三六九万三九二八件を記録した。〇三年以降減少に転じたが、〈戦後を通じて見ればなお高水準にある〉としている。

数字だけ見れば、治安の悪化から脱却できないでいるように思える。しかし、殺人事件はここ十数年間、一二〇〇～一四〇〇件でほぼ横ばい状態だ。

龍谷大学法学部の浜井浩一教授（犯罪統計学）は元法務官僚で、「犯罪白書」の執筆者でもあった専門家だ。

「凶悪事件は増えていません。殺人事件も二〇年前のほうがずっと多い。少年犯罪も凶悪化しているかのように言われていますが、殺人も強盗も昭和三〇年代のほうがずっと多い。犯罪の認知件数とは警察の受理件数のことですが、桶川ストーカー事件で警察の対応が批判され、市民から持ち込まれた相談をどんどん受理するようになりました。それが数字に表れているだけで、治安そのものは悪化していません。私がそう説明すると、法曹関係者の多くはビックリするわけです」

一審判決 死刑・無期懲役の推移

犯罪白書より

年次	死刑	無期懲役
1990	2	17
1991	3	32
1992	1	34
1993	4	27
1994	8	45
1995	11	37
1996	1	34
1997	3	33
1998	7	47
1999	8	72
2000	14	69
2001	10	88
2002	18	98
2003	13	99
2004	14	125
2005	13	119
2006	13	99

浜井教授はそう苦笑して、続ける。

「裁判では、人よりも事件や調書が重視されるので、誰が裁かれているのかをじっくり見ている暇がないのかもしれません。いま、刑務所は弱者ばかりです。高齢者、身体・知的障害者、外国人、女性……。本来、社会が受け入れるべき人々です。ところが、市民もパニック状態になって、自警団を作って不審者狩りをしています。異質な人を排除し、弱者を犯罪へと追い込んでいるところがあります」

つまり、多くの市民が感じている〝治安の悪化〟とは、マスメディアなどによって増幅された、「体感治安の悪化」ということだ。

裁判員制度がスタートすれば、市民の声がストレートに反映されることになる。アメリカの陪審制と異なり、日本の裁判員裁判は証拠調べ、事実認定だけでなく量刑まで判断するからだ。従って、厳罰化傾向により拍車がかかる恐れがある。

裁判官が死刑を宣告する時

では、裁判官たちは死刑の宣告について、どんな思いを抱いているのだろうか。裁判官がこの問題を積極的に語ることは稀である。〝開かれた司法〟を目指す自主的な団体である「日本裁判官ネットワーク」の安原浩裁判官（松山家裁所長）は、率直な思いを聞かせてくれた。

「私は裁判長として、一度だけ死刑事件を扱ったことがありますが、本当につらく、嫌なものですよ」

被告（六六歳）は、自室アパートで交際していた女性（当時五七歳）と口論になった。かねて女性にたびたびおカネを貸していたが、いっこうに返してくれず、そのうえ馬鹿にされたのが原因だった。怒った被告は両手で女性の首を絞め、さらに電気ポットのコードを使って絞殺した。遺体はその日の夜のうちに竹やぶに棄てたという。

実は、被告が人を殺《あや》めたのはこれが初めてではない。過去に出身地の愛知県内で、バーのホステス（当時三七歳）を、その二年後に小料理店の女性経営者（当時三〇歳）を相次いで殺害し、遺体をいずれも川に棄てた。そして二件の殺人、死体遺棄罪などで無期懲役判決を受けた。約一九年七ヵ月間、模範囚として服役し、九九年一一月に仮釈放された。その約二年後に、さらに女性を殺害したのである。

一審は「残忍な方法で殺害し、尊い命を奪った結果は重大。殺人罪などで無期懲役に処せられたにもかかわらずさらに殺人を敢行しており、極刑も止むを得ない」と判断し、死刑を言い渡している。

控訴審では、検察側は「死刑判決は妥当」とし、弁護側は「(仮釈放中だった)無期刑の執行はすでに再開されている。今後、仮出獄はあり得ない年齢で、再犯の可能性はない。死刑は重過ぎる」などと主張した。

安原裁判長は「三人の尊い命を奪っており、罪責は極めて重大」「仮出獄中の犯行で類似性があり、反社会性が極めて甚だしい」として、一審判決を支持し、控訴を棄却した。

安原裁判官が語る。

「模範囚であったことや、犯行に至る経緯を見ると被害者にもやや問題がありました。それらを考慮して、何とか救ってあげられないか、死刑を回避することはできないかと考えあぐねました。そこで検察と弁護側双方に、無期で仮釈放中に殺人を犯した過去の判決例を挙げてもらうことにしました。同様のケースで何を重視し、どう判断したかをそれぞれの立場で分析してもらい、どのような要素が重視されているかを検証しようと思ったのです。十数件の例が挙がってきましたが、結果は三人の尊い命を奪ったこと、仮出獄中の犯行であったこと、一方的暴行であり、死体遺棄も行っていることなどの要素を含んだ事例ではほとんどが死刑でした。裁判官は誰でも、死刑はできれば避けたい、というのが本音です。しかし、私たち刑事裁判官は、被告のみならず、被害者や社会の納得をも得られる刑を宣告しなければならない。死刑制度がある以上、極限的な場合には死刑の宣告もしなければならない厳しい職責を負っていると考えています」

制度がある限り、死刑を避けられない事案もあるだろう。

死刑か無期か、境界事案を前に

裁判官と死刑に関するもう一つの事例を挙げよう。今度は死刑と無期の境界事案と思われる事件で、裁判官が無期懲役判決を選択したケースだ。

〇一年六月、兵庫県加古川市で資産家の老夫婦が殺害された。現金約一三万五〇〇〇円も奪われており、カネ目当ての強盗殺人事件である。逮捕されたのは当時二一歳の青年で、被害者の孫だった。青年は事件を起こす以前から、祖父母の預金通帳やキャッシュカードを盗み出していた。無断で引き出したカネで、連日スナックに入り浸り、バイクや車も購入して、あっという間に一〇〇〇万円近くも使い果たした。さらに、青年は別の預金通帳からカネを引き出すため、印鑑を奪おうと考えた末の犯行だった。

殺害方法も極めて残忍だ。まず、祖母に手錠をかけて首を絞めたうえ、浴槽に頭をつけて窒息死させた。就寝中だった祖父に対しては、頭や胸部を狙ってコンクリートブロックを何度も投げ落として死亡させたのである。

青年の享楽的な生活が事件の背景にあるが、スナック通いがやめられなくなったというその青年の心境は、判決文などから読み取ることができる。

青年は小学校時代から、容姿のことでイジメを受けてきた。腫《は》れぼったい一重瞼に劣等感を抱き、対人恐怖傾向にあった。しかし、一九歳の時に二重瞼にする美容整形手術を受け、スナックのホステスからちやほやされるようになる。それまで暗く自信のなかった彼にとって、スナックは数少ない拠《よ》り所となった。当時勤めていた人材派遣会社の仕事がなくなり、自分の収入が途絶えてからもスナック通いに固執したのである。

とはいえ、老夫婦はこれまで可愛がってきた孫の手によって、非道にも命を奪われたのである。しかも、犯行は計画的でアリバイ工作までしており、悪質さが際立つ。一審の神戸地裁姫路支部で検察側は死刑を求刑した。

〇三年六月の判決公判で伊東武是裁判長（現・神戸家裁）は、青年の犯行を「人の生命を軽視し、あまりに短絡的で自己中心的」と厳しく指弾したうえで、無期懲役を言い渡した。青年に前科前歴がなく、まだ若年であること、肉親以外の他人に対する犯罪性向が顕著でないことなどが考慮された。〈生きて祖父母の冥福を祈らせ、生涯をかけて贖罪に当たらせることが相当〉と判断したのである。検察側は控訴したが、この判決は高裁でも支持された。

事件を担当した伊東裁判官が述懐する。

「青年の法廷での態度は神妙そのもので、終始俯《うつむ》いていました。弁解がましいことも言いませんでした。こんな気の弱そうなコがどうして……と思った。本人は反省の態度を示しており、死刑を覚悟していたようでした。被告本人を目の前にすれば、死刑にかかわらず、どのような判決を言い渡す時でも裁判官は頭を悩ませるものです。執行猶予を付ければ、被告はどんなにか喜んで心を入れ替えてくれるかもしれないと考えつつ、実刑を言い渡すこともあります」

続けて、伊東裁判官が語った内容に、感銘を受けさせられた。

「（裁判官が）人を拘束し、時に生命さえ奪う刑罰を言い渡すことは、社会の秩序維持のための必要悪なのです。人間、悪を為す時に躊躇や迷いがあるのは、当然のことだと思います」

人が人を裁く

東京地裁などで約三八年間、刑事裁判官を務めた樋口和博弁護士は、今年九八歳になる重鎮である。樋口氏が自費出版した随筆集『峠の落し文』（一九八七）のなかで、「いのちの尊さ」と題する一編には、死刑に関るさまざまなエピソードが紹介されている。

〈私がかつて審理したある死刑事件で、何の理由もなく行きずりの強盗に妻と娘を殺されて悲嘆にくれている夫のA氏が証人として証言台に立ち、被告人に対する現在の被害者感情を聞かれたのに対し、「私はこの男が憎らしくてたまらない。八ツ裂きにしても心が収まらない心境です。妻や子の無念さを思い毎日眠られない夜を過ごして来ました。けれども、考えてみれば、この男を死刑にしても我が子、我が妻は生きて戻ってはくれません。この男にも病身の母親があり、妻子があると聞いています。それらの罪のない人達が、これから先の生涯を、死刑囚の母として、妻として、子として世間を隠れるように身をせばめて生きてゆかなくてはならないであろう事を考えると、私の心は動揺して複雑な気持ちで一杯です」と答えて涙を流していた〉

このほかにも、強盗殺人事件の被告に悄然《しょうぜん》としながら死刑判決を言い渡し、上訴して「よくよく調べを受けて、助けてもらえるなら助けてもらいなさい」と諭した裁判官。妻子を殺された弁護士が「私は今、被害者の立場におかれているが、死刑制度は絶対にあってはならないと考えている。犯人が反省して私に弁護を頼んできたら、私はこれを受ける」と語ったことなどが綴られる。

樋口氏が任官して間もないころ、放火事件の審理があった。その樋口氏が回想する。

「貧しい母子家庭の母親が、自分にかけた保険金を子どもの教育費に充てようと、自宅に火をかけて死のうとしました。ところが、結果的にこの母親は助け出されたのです。法廷で彼女の供述を聞けば、気の毒な境遇でね。私は目尻に滲《にじ》んだ涙を、ハンカチでちょっと拭ったんです。閉廷後、裁判長から『法廷で涙を見せるのは絶対にダメだ』と注意されましたが、私は強い反発感を抱いたものです。法の尊厳が、そんなことで失われると考えるほうがおかしい。神様が裁くのではない。人間が人間を裁くのです。私は相手が死刑囚であろうと、同じ目線でありたいと心掛けてきたつもりです」

また、死刑について樋口氏はこう語った。

「私は十数件の死刑事件に関与してきました。裁判官生活で一度も死刑事件を扱わない人もたくさんいるのに、運の悪い裁判官でした。現在なら検察も死刑求刑しないような事件もありましたから、半数以上は減刑して無期懲役判決にしました。しかし、死刑を言い渡さざるを得ない事件もあり、判決時にはそのつど苦悩してきました。近年、また死刑判決が増えていることが気がかりです。残念ながら、躊躇せずに死刑判決を出す裁判官もいるものなのです」

樋口氏は退官後、死刑制度への疑問から、死刑囚の監房にあたる刑務官の体験談を聞き、死刑囚の日常や心理的な動きを調査してきたという。

死刑執行、刑務官の苦悩

死刑を言い渡す裁判官の苦悩もさることながら、それ以上に精神的負担が大きいのは刑を執行する刑務官だ。

『元刑務官が明かす死刑のすべて』（文春文庫、二〇〇六）などの著書がある、坂本敏夫氏は大阪刑務所はじめ、東京矯正管区、東京拘置所などに勤めてきた。

坂本氏は著書のなかで、死刑執行に立ち会った同僚刑務官のことを書いている。その概要をここに記す。

処遇困難な死刑囚Kは獄中結婚を機に生きる希望を持ち、再審請求も考えるようになった。しかし、わずか四年で破局する。妻からの音信が途絶えてから半年後、離婚届けが送られてきた。荒れるKを二年間かけて落ち着かせたのは、坂本氏の同僚の刑務官だった。彼は必ず毎日一時間余り話し相手となり、Kは被害者の冥福を祈るようになった。

三年後、彼は自ら立ち直らせたKの執行に立ち会うことになった。刑場までの連行と、踏み台の上でKの足を縛る役割を担わされたのである。この刑務官は直後、内臓を患い入院してしまい、復職できなかったという。

死刑の執行を刑務官に負託させることが、いかに残酷なことであるかが伝わってくる。彼ら刑務官の苦悩は、家族や友人にも打ち明けられない種類のものだ。

坂本氏は、裁判官に対しても峻烈に批判する。その言葉が重たく迫る。

「ほとんどの裁判官は刑を言い渡した後、受刑者がどんな処遇を受けているかなんて考えたこともないでしょう。簡単に『矯正可能性がない』なんて言わないでほしい。刑務官は人を矯正させるのが仕事であって、死刑の執行はそぐわないし矛盾しています。悪ければ悪いヤツほど改心してくれることに喜びを見出す職業なのです。死刑囚にはこう言います。『あなたは他人《ひと》の命をかけて、真人間になるんだからね』と。みんなホロリとしますよ。だんだんと目つきも良くなって、巡回のたびに声をかけてきたり甘えてきたりする。人間対人間の関係ができあがるんです。刑期が近づいている人の顔なんか、マトモに見られません。刑務官も死刑囚と一緒に宗教的に達観していくしかない。この人は真人間になって仏様になるんだ、神様になるんだ、と」

法相による「死刑自動化」発言

死刑の大量執行の時代に突入しつつある。

第一次安倍内閣で法務大臣を務めた長勢甚遠・衆議院議員は在任中、実に一〇名もの死刑執行命令書に署名・捺印した。鳩山邦夫・衆議院議員は、〇七年八月の第一次安倍改造内閣で法相に就任してから、すでに六名の執行に踏み切っている。

〇六年一二月二五日には、四人の死刑囚に対して刑が執行された。東京拘置所で縊首《いしゅ》された藤波芳夫さんは七五歳と高齢だった。獄中で洗礼を受け、クリスチャンになった彼は、クリスマスの朝に処刑されたのである。

藤波さんは「旅立ちを前に」と題した遺書を残していた。〈死刑執行の告知がありました〉

との書き出しで始まる文面は、便箋五枚にびっしりと綴られている。

〈人間関係はたとえ立場が異なっても連帯するものを垣間み、死刑執行は非人道的残忍過酷なものであると痛感した。私は主に従って感《よし》とするが、死刑執行に従事する刑務官の心境は如何なものだろう。計り知れない苦痛となって一生涯消化されないと思う。人を殺めてしまった私がそうであったからである〉

〈支援者の皆様を始め、多くの人たちと出会い、深い恩恵を授かり、心より感謝の意を申し上げます。当局の所長さんを始め、担当職員の人たち、特に医療関係には最後まで親切にして頂き、感謝致しております。どうか当局には抗議をしないように申して下さい。その分、法相に抗議をお願い致します。死刑執行をされる一人として、死刑執行には今後法相にも立ち会って下さるようにと。木村修治さん（一九九五年一二月二一日執行。享年四五）は死刑執行は自分が最後であってほしいと申しておったです。私もそう思います。今日は私一人であってほしいと願っております。二一世紀が平和でより良い文明に創造されますようにと祈りつつ、我が人生を結びます。シャローム

一人で立つことも一歩も歩くことも出来ないです。半病人です〉※（）内は筆者

支援者への感謝の言葉ばかりでなく、刑務官に対してもお礼とともに、執行する側の苦悩を慮っているのである。

遺書じたいは二年ほど前に書かれ、あらかじめ用意されていたものだという。確かに、自

らの年齢を〈享年七十三〉とも記している。最後に署名とともに拇印が押されている。しかし、欄外にやや乱れた文字が綴られ、執行の直前になって、本人が書き加えたようにも見える。藤波さんは関節炎とリューマチを患い、十数年前から車椅子生活を余儀なくされていた。〈法相に抗議　被告人は立つ事も出来ず　一歩も歩く事が出来ず　病舎処遇だからです〉

執行に際して、足腰の立たない彼を刑務官たちが抱え上げたのだろうか。

最高裁大法廷は一九四八年三月、〈死刑は残虐な刑罰に該当しない〉と判示しているが、もはや説得力を欠いている。それでも判決は次のようにも言及していた。

〈国家の文化が高度に発達して正義と秩序を基調とする平和的社会が実現し、公共の福祉のために死刑の威嚇による犯罪の防止を必要と感じない時代に達したならば、死刑もまた残虐な刑罰として国民感情により否定されるにちがいない。かかる場合には、憲法三十一条の解釈もおのずから制限されて、死刑は残虐な刑罰として憲法に違反するものとして、排除されることもあろう〉

それから六〇年の歳月を経て、「死刑自動化」発言をするような人物が法相のイスに座っている。鳩山法相は二〇〇七年九月、第一次安倍改造内閣総辞職後の会見で、こう言い放った。

「大臣がハンコを押すか押さないかということが議論になるのが良いことと思えないいんだな。ベルトコンベヤーと言ってはいけないけど、順番どおりなのかそれとも乱数表なのかは分からないけど、執行が自動的に進む方法はないものか」

市民が市民を殺すシステム

執行された藤波さんの支援者が発行する交流誌『カナリヤ』第一六号（藤波・高田さんの会、二〇〇七・四）には、執行後、支援者たちが手記を寄せている。その一人、大河原礼三氏が「執行に抗して——共生権の主張」と題する文章を寄せている。藤波さんへの死刑執行を、大河原氏は自らに降りかかった問題として引き受けている。その感性に胸が打たれる。〈私は、同世代者・同年齢者でもある藤波さんが執行されたことで、大きな喪失感と怒りを感じています。われわれは、藤波さんのような人々を、国家の残虐行為のために、何故、奪い取られなければならないのか。われわれは、他者と共に生きる権利をもっている。他者とともに生き、交流し、励まし合い、生きる喜び分かち合う権利をもっている。それを私は「共生権」と呼びたい。死刑は、われわれ自身が共生権を暴力的に奪い取られる事件であり、それ故に、犯罪であり、禁止されなければならない、と私は言いたい〉

司法制度改革は裁判員制度を最大の目玉としたことで、本来、真っ先に改革すべきことが隠蔽されてきた。密行主義の死刑制度は、その最たるものだ。

法務省は〇七年一二月の処刑から、執行された者の氏名や執行場所、犯罪事実を公表するようになった。犯罪被害者からの強い要請と、死刑を含めた重大事件を判断する裁判員制度に向けた措置といわれている。情報公開・透明化が前進したと評価する声も聞かれるが、果たしてそうだろうか。死刑判決は乱発され、執行はペースアップしている。死刑廃止へと向かう世界の趨勢《すうせい》に逆行して、この国は恥じ入ることなく、「死刑大国」をアピールしたのではないか。

私は、司法の市民参加と死刑制度の維持は相容れないと思っている。市民を殺すためのシステム、すなわち「国家の殺人」に、今度は私たち自身が直接、手を貸すことになるからである。

第4章

ヒラメ裁判官はなぜ産まれるのか

民と官、あらかじめ裏切られた決着

司法制度改革によって、民事訴訟はどう変わるのだろうか。

特に住民訴訟や、「国」を相手にした行政訴訟、国家賠償請求訴訟では、「民」側はなかなか勝つことができないのが実状だ。市民感覚と乖離しているとしか思えないような判決がくり返され、それゆえ、「司法の行政追随」「行政に対するチェック機能を果たしていない」といった批判が、しばしば聞かれるのである。

私は、行政訴訟や国賠訴訟にこそ市民参加の意義があり、裁判員制度を導入するべきではないか、と思う。

「もんじゅ」の原子炉設置許可の無効確認、国立景観訴訟は、すでに住民側の敗訴が確定している。二〇〇六年五月九日には、仙台高裁で日本原燃のウラン濃縮工場に対する国の事業認可取り消し訴訟判決があったが、ここでも住民側が敗訴している。

全国で訴訟が提起されている住基ネット（住民基本台帳ネットワーク）差し止め裁判は〇五年五月、金沢地裁が初めて個人情報の削除を命じている。しかし、〇六年一二月、名古屋高裁金沢支部で住民側が逆転敗訴。〇八年三月、最高裁は住民側の上告を棄却した。

難民申請者が政府から不認定処分を受け、取り消し請求訴訟に発展することも多い。彼らは、本国に送還されれば身の危険につながりかねない。しかし、地裁レベルでは取り消しを認める判決が増えているものの、高裁で逆転敗訴するケースが相次いでいる。高裁が難民認定したのは、〇五年六月の大阪高裁、同年一二月、〇六年八月の東京高裁などわずかな例だけで〝難民鎖国〟状態なのだ。

刑事裁判に目をやれば、法定刑を引き上げた改正刑法・刑事訴訟法によって、裁判所における科刑は厳罰化へと突き進む。死刑判決も確実に増えている。

裁判官が刑事裁判で「無罪判決を書かない」ことと、行政訴訟や国賠訴訟で「民の側を負かせる」ことは、その病巣は同根なのである。

「官」に甘く、「民」に厳しい。これが私たちの望んだことだろうか――。

では、国賠訴訟と行政訴訟の具体的なケースをもとに、「法の番人」の不可解な判決を検証していく。そこから見えてくるのは、いまや「法の番人」は「行政の番犬」に成り下がったという現実である。

兵庫ストーカー殺人訴訟の顛末

兵庫ストーカー殺人訴訟は、「警察の捜査怠慢と殺害との因果関係」が最大の争点となった裁判である。

事件は、一九九九年二月に起きた。会社員の尾ノ井由加子さん（当時二〇歳）は通勤のため、軽乗用車を運転中、元交際相手のA（当時二七歳）に故意に乗用車をぶつけられて死亡した。その直後に、Aも自殺した。執拗なストーカー行為の末のあまりにも痛ましい結末だった。由加子さんはストーキングされている間、何度も警察署や交番に足を運び、被害申告している。にもかかわらず、警察は適切な犯罪防止策を取らず、充分な捜査を怠ったのである。

二〇〇一年五月、由加子さんの兄・廣行《ひろゆき》さん（五二歳）さんら遺族は「県警の捜査怠慢が殺害の原因」として、県（県警）に対し、約一億円の国家賠償を求める訴訟を起こした。

一審の神戸地裁判決があったのは、二〇〇四年二月だった。上田昭典裁判長は「警察の捜査怠慢は違法」として、遺族に六六〇万円の支払いを命じた。

〈ストーカー行為によって、（由加子さんの）生命身体に対する危険は切迫していた。警察も危険性を認識し得たのに、何ら捜査も開始せず、権限不行使は著しく不合理で違法である〉（判決文より抜粋。カッコ内は筆者）

遺族側の勝訴であることには、ちがいない。しかし、「警察の捜査怠慢と殺害の因果関係」については認められなかったのである。

遺族と県双方が控訴し、〇六年二月、大阪高裁で控訴審判決があった。しかし、横田勝年裁判長は一審判決を支持した。双方の控訴を棄却し、ここでも認定されなかった。

警察の責任にこだわる理由

そこで、改めて、殺人事件に至るまでの経過を辿ってみたい。

由加子さんとAが知り合い、交際を始めたのは一九九七年夏ごろだった。まもなく、暴力を振るわれるようになったため、由加子さんは別れ話を切り出した。とたんに、Aは夜中に電話をかけてきたり、友人を使って由加子さんを呼び出すようになった。刃物をチラつかせ、「おまえを殺して俺も死ぬ」と脅されたこともある。Aが車で自宅周辺を徘徊するようになったことから、兄の廣行さんは、由加子さんを神戸の知人宅に避難させた。

九八年六月、Aはその知人宅も見つけ出し、深夜に押しかける。Aは窓から侵入し、由加子さんを外へ連れ出した。路上に引きずり出し、殴りつけ、肩や足などに擦《す》り傷を負わせた。病院で診断書を受けた後、廣行さんとともに兵庫県警福崎署へ被害届を提出した。福崎署は傷害容疑でAを逮捕したが、翌日には釈放している。

半年後、由加子さんは再び呼び出され、暴行を受ける。肋骨骨折の大ケガをさせられ、廣行さんとともに龍野署の交番に告訴を申し出た。しかし、対応した警察官はAに誓約書を書かせるにとどめたのである。

さらに九九年一月、龍野市のコンビニエンスストアの駐車場で襲われる。Aは由加子さんを車内に引きずり込み、馬乗りになって殴りつけた。近くで測量作業をしていた技師が由加子さんの悲鳴に気づいて、Aを制止する。この間、コンビニの店員が一一〇番通報した。龍野署員が駆けつけたが、Aは逃げ去った後だった。

コンビニ駐車場での暴行から半月後の二月二日、とうとう殺人事件に到ってしまう。由加子さんは朝八時前、出勤のため自宅を出た。途中、車で追ってくるAに気づく。Aは由加子さんの軽自動車を追い越すと、Uターンして猛スピードで正面衝突してきた。由加子さんが運転する軽自動車は三〇メートルも突き飛ばされ、大破して畑に転落した。由加子さんは即死だった。

Aはその直後に包丁で胸を刺し、自殺した。龍野署は被疑者死亡のまま、Aを殺人容疑で書類送検している。

廣行さんが「警察の責任」にこだわるのは、警察の不適切かつ不誠実な対応に強く憤っているからにほかならない。

廣行さんが語る。

「私は警察を絶対的に信頼していました。だから、Aを告訴するつもりで交番に出掛けた時も警察官の勧めに従い、誓約書で済ませたのです。コンビニの事件の時も、警察は妹が被害届を出さなかったので帰宅させた、と言っていました。しかし、暴力を振るわれた直後で妹は気が動転し、すっかり怯《おび》えてしまっていたのです。妹は顔から血を流しながら、事情聴取を受けたのです。助けてくれた測量士さんも、『いま、そんなこと言ってもしょうがないやろ』と、警察の対応に呆れたそうです。

私は今度こそ告訴しようと、交番に出向きました。誓約書を取った警察官は、ふんぞり返った姿勢で『お兄さん、（Aに）女でも紹介したらどうや？　そうしたらあきらめるやろ』と言い放ったんです。妹が殺される二日前のことです。いまでも、その時の警官の対応が目に焼きついています。妹も警察はアテにならないと諦めていたはずです。殺される直前、妹が携帯電話をかけたのは警察ではなく友だちで、『怖い、怖い』と何度も言っていたようです。裁判所が因果関係を認めてくれなければ、警察は変わらないと思います」

一審判決は、因果関係を否定した理由を次のように述べている。

〈殺人事件は思い詰めた上での覚悟の犯行であり、これまでの加害行為の延長とは言い難い。事件の前に警察が厳重に警告し、捜査に着手したとしても、それが抑止力になったと言えるかは疑問の余地があり、女性の死亡という結果を回避し得たであろう高度の蓋然《がいぜん》性を認めることは困難である〉

蓋然性（事件が起きる確率の高さ）をいうのであれば、ストーカー事件は本来、予見しやすいはずである。

しかも、こう言及しているのだ。

〈警察から厳重な注意を受け、取調べを受けることによって、殺人事件の実行を躊躇《ちゅうちょ》する相当程度の可能性については認めることができる〉

蓋然性を認めるのは困難でも、実行を躊躇する可能性は認められる——。常人には理解不能な〝迷文〟としかいいようがない。私には廣行さんが主張するように、兵庫県警が適切に対応していれば、未然に防止できた事件としか思えない。

原告側代理人の長谷川京子弁護士が判決の瑕疵《かし》を指摘する。

「判決をそのまま受け取れば、殺人予告でもない限り、警察の責任は問えないということになります。殺人事件だけ特別で、何度もくり返されたストーカー行為や暴力事件の延長ではないと決めつける。並外れた論旨です。

しかも、二審判決は最初に結論ありきで、一審よりも後退しています。一審判決は一応、殺人事件を〈思い詰めた上での覚悟の犯行〉だから、因果関係は認められないと、理由を述べています。ところが、Aは事件当初ノロノロとしたスピードで尾行しており、信号待ちなどで由加子さんと『会社に行く』『行かせない』という言葉を何度か交わしていることなどが、公判の過程で明らかになりました。つまり、殺人事件はいつものストーカー行為で始まった可能性が高まったわけです。

すると、二審の判決文は〈思い詰めた犯行か、偶発的な犯行かはさておき〉と具体的な検討を放棄し、理由すら述べずに〈単なる延長とは言い難い犯行であった〉と決めつけるのです。そして〈いずれにしても警察官らの不作為行為と由加子の死亡との間につき、因果関係は認められない〉と強引に結論づけてしまったのです。先例になりたくない、という裁判官の意図が見え見えの司法消極主義としか言いようがありません」

桶川訴訟と同日に上告棄却

もちろん、警察の無軌道な権限強化には警戒が必要だ。だが、「ビラ配布事件」のような微罪逮捕が罷り通る一方、本当に警察の力を必要とする人には手をこまねいてきたのではなかったか。

やはり、九九年に女子大生がストーカーに殺害された「桶川ストーカー殺人事件」は、被害者の告訴調書を改竄《かいざん》するほど悪質だった。当時の署員は有罪判決まで受けている。遺族が国賠訴訟を起こし、兵庫のケースと同様に「警察の捜査怠慢と殺害との因果関係」が争われた。しかし、捜査怠慢の一部を認定して五五〇万円の支払いこそ命じたものの、一審、二審とも因果関係は否定された。

〇六年八月三〇日、兵庫・桶川の両ストーカー殺人訴訟の上告が棄却された。廣行さんは「まるでやっつけ仕事のように片付けられた」と憤った。最高裁はあまりにも配慮が欠けている。廣行さんの怒りはもっともだ。

「捜査ミス」と「被害者の死」の因果関係を認めた判決がないわけではない。

たとえば、二〇〇六年四月一一日、宇都宮地裁で出た「栃木リンチ殺人訴訟」判決だ。

栃木県上三川町の会社員、須藤正和さん（当時一九歳）が一九九九年、少年グループに監禁され、リンチを受けて殺害された。正和さんは日常的に暴力を振るわれており、借金を強制されてもいた。正和さんの両親はそのつど、警察に相談し、監禁後も捜索願いを出すなど、再三、警察に捜査を要請した。だが、警察は不誠実な対応に終始し、放置し続けた。

正和さんの父親は「県警の捜査怠慢が殺害につながった」として、県や加害者らを相手に総額一億五〇〇〇万円の損害賠償を求めた訴訟を起こす。

柴田秀裁判長は判決で、「警察権を行使しなかったことで、殺害行為を防止できず、死亡に至った」と判断したのである。県と被害者に対して、計一億一二七〇万円を遺族に支払うよう命じている。

だが、このように警察の捜査ミスが断罪されたケースは、ほかに神戸大学院生暴行死訴訟（賠償額九七三六万円）があるだけだ。カネの問題ではないが、「姫路」「桶川」の事件とくらべると、賠償額は雲泥の差である。

これら四つの事件は、「警察の捜査ミスで被害者が死に至った」という意味では、いずれもほぼ同じである。ところが、裁判所の判断ははっきりと二分している。その理由が私には、どうしても解せない。

また、因果関係が認められなかったのはいずれも「ストーカー殺人」だった点が気になる。兵庫の訴訟で、警察の判断を誤らせた原因は、彼らが〝男女関係のもつれ〟と勝手に思い込み、ストーカー行為やDV行為を矮小化してきたからだ。裁判官の判断にも、そのようなステレオタイプな予断がなかっただろうか。

由加子さんの兄、廣行さんは事件後、「マスコミの好奇に晒《さら》され、テレビのコメンテーターは被害者である妹に非があるかのような侮辱的な発言をしていました。毎日毎日、本当につらい思いをしました」と語っている。

ストーカーやDV行為の被害に遭うのは、女性が圧倒的に多い。すでに、ストーカー規制法やDV防止法が施行されているにも関わらず、裁判所の理解が足りないのだとしたら、遺族には承服しがたい判決にちがいない。

何も司法の世界に限ったことではないが、裁判所も「男性社会」である。二〇〇七年度現在、裁判官数は三四一六人だが、うち女性は四九九人に過ぎない。比率にすると、わずか一四・六%だ。そんなことも、判断がブレる遠因になっているのではないか。

いわゆる「行政訴訟」は、〇六年の地裁における新受総件数は二〇八一件である。近年、微増傾向にある。しかし、住民の勝訴率はいまだ一ケタ台だといわれている（行政救済法にもとづく国賠訴訟は広義的には行政訴訟に入れられるが、この件数には含まれない）。

下級審では原告側を勝たせる〝画期的〟な判決が時々出るが、上級審で覆されることも少なくない。〇二年三月に行われた司法制度改革推進本部の行政訴訟検討会で、委員の一人が「一審で国民・原告が勝訴して、控訴審で国が逆転勝訴する率は八〇％」と意見陳述しているほどである。

このため、新聞社などの司法担当記者の間では、とくに東京高等裁判所のことを〝帝国最後の砦〟と、揶揄《やゆ》を込めて呼んでいるというジョークまで聞かれる。

ある司法ジャーナリストも「一応、政府や行政から独立しているとはいえ、裁判所も体制を維持するための統治機構であることに変わりはない。所詮《しょせん》は行政の補完組織でしかない」と指摘する。

判検交流という癒着の構造

行政訴訟や国賠訴訟で公平さに疑問を感じざるを得ない原因の一つとして「判検交流」が挙げられる。

「判検交流」とは、裁判所と法務省との間で行なわれる人事交流のことだ。裁判官は他省庁に出向する機会があるが、そのなかに行政訴訟や国賠訴訟など「国」が被告となる裁判をおもに扱う法務省の訟務《しょうむ》部門（旧・訟務局）に出向することがある。そこで彼らは、国側の代理人である「訟務検事」を務めるのである。検察庁の検事は刑事事件が専門で、行政訴訟など民事事件に充分な対応ができないというのがその理由である。

問題なのは、訟務検事を務めた後、再び裁判官に復帰して行政事件を担当する場合、その裁判官は国側に有利な判決を出すのではないかという疑念が払拭《ふっしょく》できないことだ。近年では毎年およそ四〇人前後がこの判検交流によって法務省に出向しているという。

逆に、法務・検察サイドも検察官を裁判官として派遣することもある。

一九七五年の薬害クロロキン訴訟で、国側の代理人を務めていた訟務検事が裁判官に復帰し、東京地裁で薬害訴訟を担当する部に配属されたことがあった。審理には加わらなかったものの、あまりに露骨な人事が批判を浴びたこともあった。

また、裁判官が司法行政に携わることもある。一つは最高裁の事務総局への異動だ。もう一つは、法務省民事局に出向するケースだ。主として民法の企画立案、審査などに携わる。こちらも同様に、行政との〝癒着〟が懸念されている。

青山学院大学法科大学院の宮澤節生教授は、こう指摘する。

「裁判官も、法務省や検事と同じ国家公務員です。判検交流によって訟務検事を務めたり、民法の企画立案部門に携わったりすることで、両者に癒着関係が生じるのは自然なことです。裁判官の人事権を握っているのは、最高裁事務総局の人事局ですが、訟務検事経験者を国が被告となる事件に戦略的に配置するケースもあるようです」

そのことを如実に示す事例として、宮澤教授は「長良川水害訴訟」を取り上げている。『テキストブック現代司法』(日本評論社、二〇〇〇)で、宮澤教授が執筆した箇所から若干の補足を加え、概略を説明する。

経歴と判決の因果関係

七六年九月、長良川が豪雨で増水し、堤防が決壊した。流域の岐阜県安八《あんぱち》町と墨俣《すのまた》町が水浸しとなり、大きな被害をもたらした。長良川は一級河川で、管理者は国である。両町は岐阜地裁に国を相手とする国賠訴訟を、別々に提起した。それぞれを「安八訴訟」「墨俣訴訟」と呼ぶ。

八二年一二月、先に出された安八訴訟の判決は、住民側が勝訴した。一方、墨俣訴訟の判決が出たのは八四年五月で、逆に国側が勝訴した。同じ事実関係に基づくにも関わらず、正反対の結果になったのである。

実は、両訴訟のちがいは裁判官にあった。安八訴訟を指揮したのは秋元隆男裁判長で、判決後、長野地裁へ異動した。墨俣訴訟の判決を出したのは、後任の渡辺剛男裁判長だった。問題は後任裁判長の経歴にあった。渡辺裁判長は七五年から法務省訟務局に勤務。とくに七八年から八〇年までは行政訟務課長の地位にあり、訟務検事として国側の代理人を務めてきた人物だったのである。

二人の裁判官は、判決後の経歴も対照的だった。国を敗訴させた秋元裁判長は長野地裁から、静岡地裁沼津支部へ転勤。国を勝たせた渡辺裁判長はその後、東京地裁に戻り、横浜地裁などを歴任したのである。

この例にならい、近年の行政訴訟や国賠訴訟を指揮した裁判官名、事件の概要、判決の内容、判検交流・司法行政部門経験の有無、経歴を掲載したのが次ページの表である。経歴については、日本民主法律家協会司法制度委員会編の『全裁判官経歴総覧』（公人社、二〇〇四）を参照している。

二〇〇六年を例にとって行政訴訟や国賠訴訟をランダムに検索し、裁判長の経歴を照合した。その結果、判検交流や司法行政の経験のある裁判官が行政を勝たせるケースが高いことが浮き彫りになった。

もちろん、一〇〇％、白黒ハッキリと分かれるわけではないことはお断りしておく。しかし、行政を勝たせる傾向の強い裁判官という事実は、厳然としている。

たとえば、表にあるように東海豪雨の被災者の訴えを退けた西尾進裁判長は〇五年五月、「住基ネット（住民基本台帳ネットワーク）はプライバシーを侵害し違憲だ」として国や県などに損害賠償を求めていた住民側の訴えも棄却している。「住基ネットは種々の保護がなされており、本人確認以外の目的で使われていたり、プライバシー侵害を容易に引き起こすような危険システムであるとは認められない」というのが、判決理由だ。

行政・国賠訴訟における裁判長の経歴と判決

①裁判長名と採用期　②法務省への出向あるいは司法行政部門での経歴の有無
③判決の出た裁判所　④判決日　⑤結果　⑥訴訟の概要　（2006年1～5月）

①	②	③	④	⑤
①西尾　進（28期）	②有	③名古屋地裁	④1月31日	⑤原告敗訴
2000年9月の「東海豪雨」で被災した名古屋市天白区の住民672人および54法人が、「名古屋市の河川管理や治水対策が不十分だった」として、総額約7億7000万円の損害賠償を求めた裁判				
①草野芳郎（23期）	②無	③広島高裁	④2月8日	⑤原告勝訴
ブラジル在住の被爆者3人が、「被爆者援護法に基づく健康管理手当の一部を時効として支給しないのは不当だ」と、広島県に未受給分290万円の支払いを求めていた裁判				
①小磯武雄（28期）	②有	③千葉地裁	④3月20日	⑤原告敗訴
「住基ネットは人格権を侵害し、違憲」として、千葉県の住民4人が国や県などに個人情報の削除や損害賠償を求めていた裁判				
①井戸謙一（31期）	②無	③金沢地裁	④3月24日	⑤原告勝訴
「石川県志賀町にある北陸電力の原子力発電所2号機は耐震性に問題がある」などとして、住民ら135人が北陸電力に運転差し止めを求めていた裁判				
①須田啓之（34期）	②有	③福岡地裁	④3月29日	⑤原告敗訴
「戦時中に強制連行され、炭鉱で過酷な労働を強いられた」として、中国人45人が、国と三井鉱山、三菱マテリアル両社に10億3500万円の損害賠償と謝罪を求めていた裁判				
①広谷章雄（37期）	②有	③大阪地裁	④3月30日	⑤原告敗訴
阪神西九条駅と近鉄難波駅間を結ぶ阪神西大阪線の延伸事業をめぐり、沿線住民99人が「騒音被害が予想され、計画は違法」などと、国交相に工事認可の取り消しを求めていた裁判				
①瀧澤　泉（29期）	②有	③東京地裁	④4月7日	⑤原告敗訴
「住基ネットはプライバシー権を侵害している」として、ジャーナリストが国や中野区などに個人情報の削除と計100万円の損害賠償を求めていた裁判				
①柴田　秀（30期）	②無	③宇都宮地裁	④4月12日	⑤原告勝訴
1999年の栃木リンチ殺人事件をめぐり、「県警の捜査怠慢が殺人につながった」として、遺族が県などに総額約1億5000万円の損害賠償を求めていた裁判				
①山田陽三（36期）	②無	③大阪地裁	④4月12日	⑤原告勝訴
01年勤務先からの帰途、介護のため義父宅に寄った後事故に遭った男性が、労働基準監督署に休業給付を申請するも「通勤途中の災害とは認められない」として不支給とされた。その取り消しを求めた裁判				
①横田勝年（21期）	②無	③大阪高裁	④4月20日	⑤原告勝訴
MMR（新三種混合）ワクチンの予防接種を受けた後に、死亡したり障害を負ったりした子ども3人の家族が国に損害賠償を求めていた裁判				
①永野圧彦（35期）	②無	③富山地裁	④4月26日	⑤原告勝訴
大日岳で00年3月、文部省登山研修所が主催する「冬山研修会」に参加した学生2人が遭難死。遺族が国に約2億円の損害賠償を求めた裁判				
①田中　治（30期）	②有	③長野地裁松本支部	④5月10日	⑤原告敗訴
長野県小谷（おたり）村の蒲原沢で96年12月、土石流に巻き込まれて死亡した災害復旧工事の作業員14人のうち3人の遺族が、国や県などを相手に総額1億2000万円の支払いを求めていた裁判				

ところが、同じく表にあるように、志賀原発二号機の運転差し止めを認めた井戸謙一裁判長は、同じ住基ネット裁判でまったく逆の判断をしている。石川県の住民二八人が個人情報の削除と一人当たり二二万円を求めた訴訟で、井戸裁判長は「住基ネットは原告らのプライバシーを犠牲にしてまで達成すべきものとは評価できない」として、違憲との判断を示し、損害賠償は棄却したものの、個人情報の削除を命じた。ちなみにこれら二つの判決は、わずか一日ちがいで出されている。

裁判官の個別性ということもあるのだろうが、住民にしてみれば勝てるかどうかは裁判官しだいでは到底納得できるものではない。

『全裁判官経歴総覧』を編集したスタッフの一人、塚原英治弁護士（早稲田大法科大学院客員教授）が指摘する。

「判検交流は、公害訴訟や薬害訴訟が増えた七〇年代から組織的に行われるようになりました。近年になって訟務検事経験者をその後の人事などで厚遇する傾向が出てくると、出世コースとして認知されるようになります。判検交流が批判されるのは、『裁判官の視野を広げるため』という理由づけもありますが、行政側の味方としての経験しかしてこなかったからです。

むしろ問題なのは、行政を負かせたり、違憲判断をするような裁判官を家裁に配転するなど人事的に冷遇することでしょう。

昨今の司法制度改革のなかでも判検交流についてはほとんど議論されませんでした。『判事補の他職経験』制度がスタートし、裁判官が弁護士事務所にも出向するようになりました。また、市民オンブズマンとして行政を監視してきた名古屋の弁護士が東京高裁の判事として任官したりするなど、以前では考えられなかった改革が少しずつ進められてきてはいますが、まだまだ本格的とはいえません」

法務省に出向した裁判官たちが裁判所に復帰すると、東京地裁・高裁などエリートコースに配属される傾向が強い。

早稲田大学政治経済学部の西川伸一教授もこう語る。

「司法制度改革で、裁判官たちに序列を意識させる最高裁事務総局にメスが入れられなかったことが不満です。エリートの官僚裁判官による統制は、温存されたままです。判検交流については、国民から行政と裁判所の癒着が疑われるようなことはやめるべきです。きちんと制度を分けないと、司法の独立は守れないと思います」

国「敗」れて三部あり

もっとも、エリート裁判官ながらも、行政訴訟で「国」に対して厳しい判決を下してきた例外的な人物もいる。その代表的な存在が、東京地裁の藤山雅行裁判長（現・東京高裁判事）

である。藤山裁判長は最高裁事務総局の行政局一課長から三課長まで歴任してきた。行政訴訟を扱う行政専門部に四年間勤め、その間に「圏央道」「東京都銀行税訴訟」「小田急線高架訴訟」「学生無年金訴訟」など、幾多の裁判で行政敗訴、あるいはそれに近い判決を出してきた。民事三部で訴訟の指揮を執っていたことから「国破（敗）れて三部あり」などと揶揄されたこともあった。

司法担当記者が言う。

「裁判所内では、藤山さんのことを優秀な人物との評価もあれば、異端視する人もいます。霞が関の官僚からは、もちろん疎ましがられていますけどね。その後、医療集中部に移り、医療過誤事件などを扱いました。左遷人事ではないかという穿った見方もありましたが、決してそうではありません。ですから、最高裁の評価も高いのでしょう。他の裁判官が藤山さんのようなハネ返った判決を出したら、高裁の陪席あたりにさせられてしまいますよ」

しかし、藤山裁判長が下した画期的な判決の多くは、控訴審ではことごとく覆されるという結果に終わっている。

東京都が敗訴した裁判で、石原慎太郎知事が藤山裁判長をコキ下ろしたこともあった。

「裁判官にもいろいろな人がいましてね。あの人はかなり変わった人だね。野球の打撃率は五割超すのは大変なもんだが、あの人の高裁での逆転率というのはもっとすごいんでしょう？裁判全体に対する信憑性というか信用というか、権威の問題になってくると思う」（「圏央道」

訴訟で、住民側の勝訴判決の翌日、記者会見での発言）

司法の独立を侵害しかねない愚かな発言だが、住民側を逆転敗訴させ続けた東京高裁の行政追随ぶりが却って目立つ。

東京・世田谷区の小田急線の高架工事をめぐる「小田急線」訴訟は、沿線の住民らが騒音問題などを理由に、国の事業認可の取り消しを求めていた。一審では藤山裁判長が「騒音問題の解消に配慮を欠く」として、事業認可を取り消す判決を下している。

だが、二〇〇三年一二月の高裁判決では「行政の裁量権の逸脱や乱用は認められない」と、住民側逆転敗訴を言い渡したのである。

騒音問題についても「軽視できる状態ではなかったが、（都市計画）決定当時、在来線に関する騒音基準は未整備だった。騒音の解消を重視せず、高架式を選択した行政判断に裁量権の逸脱はない」と国側の擁護一辺倒の判断をしたのである。

「学生無年金訴訟」は、一九九一年まで国民年金に任意加入だった〝二〇歳以上の学生〟が障害者になっても、障害基礎年金が支給されないのは「違憲だ」として、不支給処分の取り消しなどを求めて元学生らが起こした裁判である。二〇歳未満の障害者には支払われるだけに、確かに不平等である。

同じく一審では違憲と判断され、学生側が勝訴した。ところが、〇五年三月の東京高裁では「二〇歳前に障害を負った者と、二〇歳以後に障害を負った学生との取扱いの差異は、立法者による裁量の範囲内の制度選択の結果」として、「立法不作為による国の賠償責任は認められない」と判断した。国側の主張を全面的に認め、学生側は敗訴したのである。

また、難民と認定されず「精神的苦痛を受けた」として、ミャンマー人男性が起こした国賠訴訟も東京高裁は棄却している。〇四年一月、賠償を命じた一審判決を取り消した。

藤山判決を否定した高裁判決のなかには、「事実の一部を恣意的に切り取り、裁判所の責任をおろそかにした」と、藤山裁判長の一審判決をあからさまに批判したことさえあった。

「二審敗訴」の定式化

「圏央道訴訟」についても、詳細を見ていきたい。

圏央道とは正確には「首都圏中央連絡自動車道」といい、横浜から八王子、川越、つくば、成田などを経て東京湾アクアラインにつながる総延長約三〇〇kmの道路である。

一都四県を結ぶ巨大公共事業だけに、周辺住民はこれまで四件の行政訴訟を起こしている。そのうちのひとつが、圏央道あきる野インターチェンジ周辺の住民が、事業認定と収用採決の取消しを求めた、「あきる野訴訟」だった。

圏央道の事業主体はもちろん国土交通省（着工当時は建設省）だが、土地収用に関する採決などは、都道府県が行なう。すでに原告の住人たちも土地を明け渡し、インターチェンジも完成している。

　原告が事業認定の取消しを求めたのは、隣接する日の出インターチェンジとは、わずか一・九㎞しか離れていないのに、なぜ新しく作る必要があるのか、という点である。さらには、騒音や大気汚染など環境破壊も懸念されるからだ。

　住民たちが、圏央道の計画を知らされたのは一九八四年にまで遡る。全体計画や測量、補償、工事の説明会が順次、実施された。ルートは原告らの住宅地を直撃し、六〇軒が立ち退きの対象になっていた。

　原告団事務局長の鈴木進さん（六八歳）は三〇年前、東京・あきる野市牛沼地区に引っ越してきた。終の棲家にしようと考えていたのは言うまでもない。

「都内とはいえ、西多摩地区には貴重な自然が残されています。特に牛沼は湧水地が多く、貴重なトウキョウサンショウウオが棲んでいます。春には、ユリ科の野草であるカタクリも咲きますが、カタクリは空気がきれいなところでないと咲かないといいます。そんな環境に恵まれた地域だからこそ、ここに越してきたんです」

　憲法二二条で保障された〈居住の自由〉を脅かす以上、国や都収用委員会には、住民に対して誠実な対応が求められたはずである。ところが、国は狡猾にも賛成派と反対派の住民を分断しようとし、説明責任を果たさないまま、工事を実行に移したのだった。

　当時の建設省（現・国土交通省）はあきる野インターに関する説明会を開催した。なぜか建設予定地に農地を持つ地権者だけを対象としており、他の住人は排除された。

農地を持たない鈴木さんは、不当にも参加資格がなかった。明らかに、建設省の意図的な仕打ちだった。そこで、鈴木さんは農地所有者のひとりから委任状を受け取り、説明会場へと向かった。

「会場の玄関前には、建設省の工事事務所や道路公団の職員が一〇人ほど陣取っていました。受付を済ませて中に入ろうとすると、『荷物を預けて下さい』と言う。私は質問項目などを記した書類を入れた封筒を持っていただけですが、それも預けろと言うのです。抗議すると、職員たちがスクラムを組んで排除してきました。結局、会場内には入れませんでした。地権者たちからも『あんたは農地を持っていないだろう』という声が、私に向けて飛んできたのです」

国が住民との合意形成を蔑《ないがし》ろにしたために、提起された訴訟なのである。

提訴から三年後の二〇〇四年四月、東京地裁判決で、藤山雅行裁判長（異動のため、鶴岡稔彦裁判長が代読）は、〈公共の利益について具体的根拠がないのに、あるものと判断した国側の落度がある。事業認定は違法だ〉と判断した。あきる野インターチェンジの設置については〈合理的な説明がなく、代替案の検討もまったく行なっていない〉と断じた。環境影響についても〈相当範囲の周辺住民に受忍限度を超す騒音被害を与えると認められる。大気汚染発生の疑念も払拭できない〉と指摘した。住民側の主張が、ほぼ全面的に認められたのである。

住民らは歓喜の声を上げ、弁護団も判決を評価した。各メディアも概ね好意的に報道した。

しかし、大方の予想通り、二審は住民側が敗訴した。〇六年二月、東京高裁の大喜多啓光裁判長は「圏央道は道路として重要な役割を果たす」として、適法と判断したのだった。ちなみに、大喜多裁判長も一九七六年から七八年にかけて、法務省訟務局に出向している。

「公共の福祉」を盾にした非道

画期的な判決が、確信犯的な裁判官によって覆される現実——。しかも、その判決文には、もっとも大事な「理《ことわり》」が抜け落ちているのである。

原告代理人の鈴木亜英《つぐひで》弁護士が、二審判決を指弾する。

「行政側は公判で新しい証拠を出したわけでもない。それなのに、行政の主張すべてを鵜呑みにし、フリーハンドを与えた判決です。行政側があきる野インターの代替案を検討しなかったことを、一審判決は批判しましたが、高裁判決は代替案を義務づける法律はないと開き直っています。これは行政側の裁量にすべて任せろ、と言っているようなものです。憲法で保障された居住権、財産権を否定しています」

鈴木弁護士が強く憤っているのは、二審判決の次の一文である。

〈起業者（国）の提示した資料から明らかに他の案が優れていると認められるような特別の事情がない限り、代替案との比較衡量もしないことが、直ちに事業認定を違法とするものではない〉

「つまり、国の出した案よりも優れたものがあったら出してみろ、と住民側に要求しているようなものです。国と住民とでは、情報量が格段にちがうのは当り前なのに、とてつもなく高いハードルを設けているのです」

このような判決で、納得できる住民がいるだろうか。

巨大公共事業をめぐる行政訴訟には、常に虚しさが伴う。仮に一審が住民側勝訴で確定したとしても、工事がストップされることはないからだ。違法と認定された建造物が、既成事実として容認されてしまうのだから、理不尽としか言いようがない。インターチェンジを取り壊して現状を回復したとしても、住民はとてつもない代償を支払うことになるからだ。

取消し訴訟の場合、「事情判決」という制度がある。事業認可や裁決の違法性だけを認めて、実質的には〝公共の福祉〟に影響を与えるとして、請求を棄却する。つまり、圏央道訴訟の場合なら、インターチェンジ、道路建設を結果的に認めるということだ。

藤山判決はこの「事情判決」についても、付言し、現行法の不備を突いていた。

〈判決が一審で確定することは想定し難いことからすれば、当裁判所が事情判決の可否を検討する必要はない〉

〈このような事情判決といった例外的な制度の運用の可否が問題となるのは、計画行政で、計画の適否について事前に司法のチェックを受けられる制度が設けられていないためだ〉

計画の段階では訴訟を起こしようもなく、住民が気づいた時には道路建設もルートも決まってしまっている。それから訴えを起こしても〝公共性〟を理由に、敗れるケースがほとんどだ。

原告団事務局長の鈴木進さんの自宅が建っていたあたりを歩いた。とぐろを巻きながら屹立する巨大なインターチェンジが、ひどくグロテスクなものに映る。

二〇〇七年四月一三日、最高裁第二小法廷（津野修裁判長）は住民側の上告を棄却し、二審判決が確定した。その年の六月、圏央道あきる野インターチェンジから、八王子ジャンクションまで開通した。

法改正後も行政寄り判決

司法制度改革の波を受けてか、頑迷固陋《ころう》な行政訴訟にも、〝変革〟の兆しはあるのだろうか。

〇五年四月、改正行政事件訴訟法が施行された。

この改正により、判決を待っていたら重大な損害が生じる恐れがある場合、救済制度として、行政に対し処分を仮に義務づけることができるようになった。

東京都東大和市で、痰の吸引施療が必要な女児が「医療行為ができないこと」を理由に市立保育園から入院を拒否され、両親が市に「仮の義務付け」を申し立てていた裁判が好例である。東京地裁は市に対し、市内のいずれかの保育園に入園を命じる決定を出している。

これまで、道路や鉄道建設に関る訴訟で、原告になれるのは建設予定地の地権者に限られることが多かった。それが法改正によって土地を持たない周辺住民にも広げられることになった（原告適格の拡大）。

だが……、どんなに優れた法改正を行なわれたとしても、実際に法律を運用して判決を下す裁判官の意識が変わらなければ何の意味もない。これまで見てきたように、法改正後も行政寄りの判決が目立つのが実情だからである。

○五年一二月、「小田急線高架」訴訟で、最高裁大法廷は初めて、この〝原告適格の拡大〟を適用した。そのことじたい画期的な出来事であり、メディアも大きく取り上げた。

弁護団長を務めた斎藤驍《ぎょう》弁護士は、当時こう評価していた。

「これまでのように行政を擁護し続けていいのか、という意識が最高裁の一部に生まれてきた証しです」

しかし、その期待は本案で裏切られた。

○六年一一月二日、沿線住民が騒音問題などを理由に国の事業認可取消しを求めていた訴訟で、最高裁第一小法廷（泉徳治裁判長）は住民側の上告を棄却した。これにより、認可を適法とした東京高裁判決が確定したのだ。

判決後、斎藤弁護士は怒りを込めて書いている。

〈大法廷判決は、都市計画法などの行政実体法の解釈を転換することによって、原告適格を飛躍的に拡大したばかりでなく、時代と国民の期待に応える行政に対する司法の抑制、すなわち官の裁量に対する本格的統制の始まりを告げるものであった。今回の小法廷判決に心ある国民が等しく期待したのは当然である。しかし、判決はまさに全くこれを裏切るものであり、官に対する統制をほとんど放棄し、官を野放しにするに等しいものである〉(「大法廷判決に背理する小田急高架訴訟第一小法廷判決」『法律時報』二〇〇七年二月号、日本評論社)

住民勝訴が「画期的」でなくなる日は

多くの裁判官をかくも保守化たらしめているものはいったい何か。その要因を検証するには、やはり戦後の司法体制を検証しなければならないだろう。

七〇年代初頭、「司法の危機」といわれた時代があった。進歩的な若手法曹関係者によって結成された青法協(青年法律家協会)に対する、あからさまな粛清が行われたのである。それは青法協からの脱退圧力にとどまらず、再任拒否(裁判官は終身官ではなく、一〇年ごとに再雇用されるシステムとなっている)、修習生罷免《ひめん》、任地や昇給面での差別的待遇という形となってあらわれた。

斎藤弁護士が当時を振り返りながら解説する。

「最高裁の石田和外《かずと》判事が、一九六九年に長官に就任した後、司法界は急激に右旋廻し始めました。さらに七一年に青法協の会員だった宮本康昭裁判官の再任拒否から、いっそう圧力が強まっていったのです」

引き金になったのは、六六年の「全逓東京中郵事件」の最高裁判決だった。労働争議を指揮した全逓幹部が起訴されたが、最高裁大法廷は国家公務員も労働者である限りスト権は認められるとして、刑事罰を免責したのである。

「この判決が下級審にも勇気を与え、東京地裁で杉本良吉裁判官が『家永・教科書検定』訴訟で違憲判断を示すなど、リベラルな判決が続出しました。ところが、その反動で、保守政治家の〝偏向〟攻撃が始まるようになりました。

彼らの意向を汲み取ったのが当時の石田長官で、裁判所の官僚機構化を強化していった。具体的には、裁判官の人事と昇給を握る最高裁の事務総局によって、司法官僚のヒエラルキーが形成されていったのです。長年にわたり、そのようなコントロールが進んできた結果、今日では東京高裁に保守的な布陣を敷き、地裁でリベラルな判決が出たらそのつど潰す、という役割を担わせたのです。東京高裁の裁判官が依然として保守的傾向が強いのも、このためでしょう」

判検交流が増え始めたのも、石田長官の時代からである。現代司法の病症はこの時に胚胎《たいはい》したのであろう。

裁判所が公正に行政の誤謬《ごびゅう》を糾し、行政訴訟で住民が勝つことをもってわざわざ〝画期的〟などと評価する必要もなくなる。それこそが、市民の望む改革ではないだろうか。

第5章
最高裁という伏魔殿

「要塞」に変化はあるか

最高裁が「変わった」と評されるようになったのは、二〇〇五年ごろからである。一・二審判決を破棄して新判断や違法判断を示すケースが目立ったからだ。

例えば、〇五年九月、最高裁大法廷（町田顕裁判長）は、在外邦人の選挙権を制限（投票できるのは比例区だけで、選挙区では認めないなど）する公職選挙法を違憲と断じている。国家賠償請求訴訟を起こした原告一三人の請求を棄却した東京地裁・高裁判決を退け、国に対して一人当たり五〇〇〇円の慰謝料支払いを命じた。立法不作為による賠償を認めた最高裁判決は初めてだ。

〇六年四月には、熊本刑務所に服役していた元受刑者が起こした国賠訴訟の上告審判決があった。元受刑者は所内の処遇問題について新聞社に投書しようとしたが許可されず、「精神的な苦痛を受けた」と主張していた。最高裁第一小法廷（泉徳治裁判長）は、請求棄却の熊本地裁・福岡高裁判決を覆し、国に一万円の賠償を命じている。既決囚の場合、手紙の発信や面会など外部交通権は、原則的に親族と弁護士だけしか認められてこなかった。しかし、〇六年五月施行の改正監獄法（受刑者処遇法）によって外部交通権が拡大された。最高裁判決は、新法の趣旨に照らした判断をしたのだった。

その最高裁判事のなかでも際立った判断をしているのが、第一小法廷の泉徳治判事だろう。国政選挙における「一票の格差」の最高裁判決は、これまで裁判官出身者は毎回、全員が合憲と判断してきた。一方、弁護士出身者は全員が違憲である。司法判断が出身母体で色分けされることじたい、そもそもおかしな話だ。しかし、〇一年参院選の合憲判決時、泉判事は裁判官出身者として初めて違憲表明している。また、東京都が在日韓国人男性に対し、日本国籍がないことを理由に管理職試験の受験を拒否したのは違憲とする反対意見を述べるなど、法廷で反対意見や補足意見を表明することも多い。

特筆すべきなのは、泉判事が最高裁の司法行政部門・事務総局の要職を務め、事務総長、東京高裁長官も務めた超エリートであることだ。

ある裁判官がこう訝るほどだ。

「事務総長のころの泉さんはガチガチの司法官僚で、強権的なイメージが強かった。最高裁判事になって、あんなに思い切った判断をするようになるとは思ってもみませんでした」

泉判事はその一方で「改定特措法違憲」訴訟や「もんじゅ」訴訟、「小田急線高架」訴訟では、住民側を敗訴させている。

だが、最高裁は本当に「変わった」のだろうか。東京・三宅坂に建つ最高裁は要塞のようなイメージそのままに、幾多の行政・住民訴訟を跳ね返してきた。これまでの〝前科〟を考えれば、やはり懐疑的にならざるを得ない。

「調査官判決」を下す裁判官

私が行政訴訟の判決を批判する記事を月刊誌で執筆したところ、行政法のエキスパートである濱《はま》秀和弁護士から次のような便りを頂いた。

〈私は、法曹歴五〇年の老法曹ですが、事務所で持っている行政事件は十数件あり、各地の裁判所に出向いては多くの敗訴判決を受けてきました。勝つべき事件が裁判官の偏向により負けるのは本当にいやなものです。高裁で負ければそれで終わりです。最高裁では黒子（調査官）が選別をして、ほとんどの事件は受理されず、三下り半の判決です〉

〈時折、最高裁で行政事件について画期的と言われるような判決がされたなどと新聞の紙面を賑わしていますが、最高裁の一五人の裁判官（実際は長官を除いて一四人）のごく僅かな人を除いて、行政事件については無知といって差し支えなく、黒子である調査官判決と言われて久しいですが、誰もそれを書く人はいません〉

濱弁護士は、司法修習第八期（現在の修習生は五九期）のベテランだが、単に多くの行政訴訟を手掛けてきただけではない。もともと裁判官として、東京地裁や東京高裁に勤めていた人物だけに、裁判所や判決に対する不満や怒りには説得力がある。

早速事務所に赴くと、濱弁護士は開口一番こう語った。

「最高裁が画期的な判断をするようになっているとは、私はまったく思いません。『小田急線』訴訟における原告適格の拡大にしても、何をいまさらという思いです。現行憲法下で行政訴訟が始まって、すでに半世紀以上が経過しているんですよ。いまごろ『原告として認めてやる』という判決が出るなんて、本来恥ずべきことです。

泉判事は一九八〇年前後に東京地裁の行政専門部に所属していましたが、当時は現在よりももっと〝不毛の時代〟でした。彼は行政ばかり勝たせてきた張本人なのです。最高裁は、政府の政策に関与するような事件は決して勝たせることはないでしょう。例えば、エネルギー政策に関る『もんじゅ』訴訟も負けている。さほど関与しない訴訟には大らかな判決を出すようにして、改革をアピールしているだけです。最高裁が『変わった』というのは表面的なものに過ぎません」

濱弁護士の手紙にもあるように、「最高裁判決＝調査官判決」との批判は従来からあった。調査官は、最高裁や全国の高裁・地裁に置かれている。裁判官の指示に従って裁判に必要な調査を行い、その結果を裁判官に報告としている。高裁や地裁の調査官は裁判実務を補佐する職員が担当しているが、最高裁の調査官だけは地裁などの裁判官が着任する。主席調査官のもとに上席調査官三人が、刑事・民事・行政事件を統括している。濱弁護士が説明する。

「上告趣意書のセレクトも、調査官がやってしまう。受理理由にあたらないとしてふるいにかけ、実際に法廷の俎上にあがるのはごく僅かです。事件の調査官報告書には法理論が書かれてあり、調査官が判決の起案までしています。実際に最高裁の判事が筆を取って判決文を書くのは稀です。実質的に、日本の裁判は二審制なのです」

もちろん、調査官がいなければ、最高裁に持ち込まれる膨大な事件量を処理し切れないという言い分もあるだろう。しかし、八〇％以上の事件が主任の裁判官と調査官のやりとりで決まるという指摘もあるほどだ。合議制を取る最高裁だが、これでは単独法廷と何ら変わることがない。

濱弁護士によれば、東京地裁でかつて陪席どうしだった寺田治郎（第一〇代最高裁長官・故人）に調査官判決を批判したことがあった。寺田はその指摘を覚えていて、最高裁判事に就任してからも自ら判決文を書いていたという。最高裁は、こうした本来の姿に立ち返るべきではないか。

最高裁長官の履歴

最高裁の大法廷は最高裁長官を含む一五人の判事で構成され、小法廷は第一から第三まで五人ずつの合議体を取っている。最高裁判事の出身母体別の枠は、裁判官六人、弁護士四人、学識経験者五人（検察官・二、行政官・二、学者・一）となっている。

裁判所の組織は、大きく裁判部門と司法行政部門に分けられる。裁判部門は言うまでもなく現場の裁判実務を行う。司法行政部門は、人事や庶務など行政官庁の官僚と同じく管理業務に携わる。

最高裁の場合、裁判は終審裁判所として大法廷と小法廷で開かれる。司法行政については裁判官会議が自治権を持つ。最高裁判事一五人全員で組織され、長官が議長となる。ちょうど大学の教授会のようなものだ。しかし、判事たちは裁判実務に追われるため、裁判官会議は形骸化している。事実上、司法行政を一手に掌握しているのは、最高裁事務総局なのである。

最高裁事務総局のトップは事務総長で、その下に総務・人事・経理・民事・刑事・行政・家庭の七局が置かれている。重要なのは、事務総長および局長はすべて裁判官が務めているという点だ。全国八ヵ所の高裁事務局長も全員が裁判官である。彼らはいわば「裁判をしない裁判官」であり、高級「司法官僚」なのである。

裁判官における出世コースの一つが、この事務総局にくり返し配属されることである。一般的に司法行政部門に長期間携わった者ほど昇進が早く、事務総局の幹部から高裁長官を経て最高裁判事に任命される可能性が高い。つまり、最高裁の判事になるのは、他の一般的な裁判官と比較して事件審理の経験が乏しい者たちだといって過言ではないのである。

そのことは、現在の島田仁郎《にろう》長官の経歴からも明らかだ。以下、『全裁判官経歴総覧』をもとに島田長官の経歴を記す。カッコ内が司法行政部門での勤務で、裁判実務に携わっていなかった期間である。

一九六四年四月　東京地家裁
六八年七月　名古屋地家裁
七一年四月　〈事務総局刑事局付〉
七四年四月　大阪地裁
七七年四月　〈司法研修所教官〉
八一年四月　東京地裁
八二年四月　〈調査官〉
八三年四月　〈事務総局刑事局第一・三課長〉
八六年四月　東京地裁部総括
八九年八月　〈事務総局刑事局長兼図書館長〉
九四年三月　〈宇都宮地裁所長〉
九六年一一月　〈浦和地裁所長〉
九八年九月　東京高裁部総括
九九年四月　〈司法研修所所長〉

二〇〇一年二月　〈仙台高裁長官〉
〇二年二月　〈大阪高裁長官〉
〇二年一一月　最高裁判事
〇六年一〇月　第一六代最高裁長官に就任

最高裁判事に任命されるまでの三八年六ヵ月間で、法服を着て法廷に臨んでいたのは、わずか一三年六ヶ月間に過ぎない。

法廷＝事務総局という欺瞞

ところで、島田氏が長官就任直前の〇六年九月当時、マスコミ各社は堀籠幸男・最高裁判事が「長官に内定」と一斉に報じていた。実際には、当時の町田顯長官が官邸に推薦していたのは島田氏だったのだから、前代未聞の誤報といえる。しかし、堀籠氏が司法行政の実質的なトップである最高裁事務総長を歴任しており、長官の有力候補であったことは間違いない。

司法担当記者が言う。

「島田さんも堀籠さんも刑事裁判官ですが、堀籠さんは有能な官僚タイプである一方、裁判官として評価が高かったのは島田さんのほうでした。町田前長官は裁判員制度を見越して、島田さんが適任と判断したのでしょう。長官人事では、現長官の〝意中の人〟が後任に就くのがパターン化しています。密室といえばその通りですが、外部からの干渉を受けずに選んでいるともいえます」

前長官の町田顕氏についても経歴を見てみよう。

町田氏は司法修習後、一九六一年四月に任官。初任地が東京地裁民事部で、行政法の重鎮といわれた白石健三裁判長のもとで行政事件を担当した。この時、右陪席が濱弁護士だったのである。

一九六五年五月　札幌地家裁室蘭支部
六八年四月　〈事務総局民事局付〉
七一年七月　札幌高裁職務代行、
七三年四月　〈経理局主計課長〉
七五年二月　〈同総務課長〉
七七年一月　〈内閣法制局参事官＝出向〉
八三年六月　東京地裁部総括
八四年九月　〈事務総局秘書課長・広報課長〉

八六年九月　〈事務総局経理局長〉
九一年七月　〈甲府地家裁所長〉
九三年三月　〈千葉地裁所長〉
九四年四月　東京高裁部総括
九八年九月　〈福岡高裁長官〉
九九年四月　〈東京高裁長官〉
二〇〇〇年三月　最高裁判事
〇二年一一月　第一五代最高裁長官
〇六年一〇月　退官

やはり、最高裁判事に任命されるまでの三九年間で、裁判実務を担っていたのは一四年間でしかないのである。

裁判官出身の他の五人の最高裁判事も同様で、いずれも事務総局の要職を務めた司法官僚だ。うち堀籠氏と泉徳治判事が事務総長を経験している。

つまり、最高裁における法廷の意思と、事務総局の意思は、限りなく同一に近いということなのである。

濱弁護士が指摘したように、最高裁は行政訴訟や住民訴訟で「民」の声を排除してきた。

例えば、原発訴訟で初めて「国」を敗訴させた「もんじゅ」訴訟の高裁判決（名古屋高裁金沢支部）を、最高裁（第一小法廷・泉徳治裁判長）は破棄している。

その一方で、最高裁事務総局は違憲判断を行った裁判官を昇格、昇給、任地などで人事的に冷遇してきた。最高裁の合憲判例があるにもかかわらず、違憲判断をした裁判官を九年間も単独勤務の支部に留め置いたことさえある。

裁判官の人事評価制度を研究した、中尾正信弁護士が語る。

「二〇〇四年四月から人事評価制度が整備され、裁判官は自分の評価書を開示請求できるようになりました。評価書にはいいことしか書いていないのに、支部まわりばかりさせられているのはおかしいと、不服申し立てをした裁判官もいるほどです」

最高裁は終審裁判所としての権威と事務総局が握る人事権を巧みに使い分けることで、下級審の判決に睨《にら》みを利かせるとともに、全国の裁判官を序列化し、統制してきたのである。

任官基準のブラックボックス

これまで、全国の裁判官の人事は最高裁事務総局の専権事項だった。裁判官には司法修習生から任官し、一〇年ごとに「再任」する再雇用制度がある。裁判官として不適任、と判断されれば「再任」されない。そして、修習生の任官拒否や判事の再任拒否にあたっては、理由の開示がまったくされず、まさにブラックボックスだった。それゆえ、思想信条による差別が堂々と罷り通ってきた。

しかし、司法制度改革の流れのなかで、裁判官の指名過程の不透明さが指摘されるようになった。その結果、法曹関係者五人と学識経験者六人からなる「下級裁判官指名諮問委員会」が〇三年に設置された。諮問委員会は弁護士会など外部からの情報も参考にして、最高裁に任官・再任の適否の意見を伝える。最高裁と委員会が異なった結論を出した場合、すなわち最高裁が任官や再任を拒否した際、本人の申し出があれば理由を開示しなければならない。従って、表向きは思想信条による差別ができなくなったのである。

中尾正信弁護士は、自身が任官拒否された経験を持つ。護憲派でリベラルな立場をとる法曹団体「青年法律家協会（青法協）」に加入していたからだ。

「当然、理由は開示されませんでしたが、私が青法協に加入していたことが理由であることはまちがいないでしょう。裁判所は、人事権を掌握する最高裁事務総局から高裁の事務局長、地裁所長、部総括とタテの構図が形成され、いわば庶務の肥大化が進められてきたのです。そして、裁判官と判決を統制することで『司法反動』が完成を見たのです」

諮問委員会については、評価と課題の両面から指摘する。

「事務総局に握られていた人事資料が外部に出ることになったのは、透明化が進んだと言えます。人事評価書にも思想チェック的な問題の記述はできなくなりました。課題は、委員会が事務総局とどれだけ距離を置いてウォッチできるかにかかっています。また、任官・再任拒否の理由が本人に告知されるようになりましたが、それに対する弁明の機会は相変わらず与えられていません。そして、何より問題なのは任地、昇給、昇格については依然として事務総局が握っていることとです。この点の差別的待遇が解消されなければ、むしろ制度が後退する恐れも孕《はら》んでいるのです」

そのことを如実に示すものが、次ページに掲げた二つの表である。まず、上の表が「裁判官の号別在職者数」だ。一九九九年七月一日付のやや古い資料であるため、最高裁に新しい資料の開示を求めると「人事管理上、開示できない」（広報課）という理由で拒否された。二〇〇五年現在の裁判官数は三二六六人になっており、号別の在職者数も現在とは少なからず異なっていることを、あらかじめお断りしたい。

まず驚くのは、報酬区分が非常に細分化されていることだ。この点だけを取っても、裁判官たちに「序列」を意識させるに充分だろう。

判事が一〜八号まで、判事補が一〜一二号までの段階に分けられている。これは、号が上がるに従って俸給も上がっていくことを意味している。判事補は一〇年間を経て再任されると判事になるので、年に一回以上昇給することになる。

また、一度再任されれば判事四号までは自動的に上がっていくが、判事補任官から二一年目以降に差がつくシステムになっている。つまり、三号以上から事務総局の人事政策と連動していくことになるのである。

青法協や、「宮本判事補再任拒否」に反対した裁判官たちが結成した全国裁判官懇話会のメンバーたちが、三号昇格の際に露骨な差別的待遇を受けたこともあったという。

では、裁判官たちはいったいどれだけの報酬を受けているのだろうか。下の表は裁判官の月額報酬を示したもので、国家公務員特別職および指定職との対照である。こちらは現行のものを使用している。

裁判官の号別在職者数（人）

区分			認証官	判事	判事補	簡易裁判所判事	合計
最高裁判所長官			1				1
最高裁判所判事			14				14
東京高等裁判所長官			1				1
その他の高等裁判所長官			7				7
判事	(特)			43			43
判事	1			170			170
判事	2			166			166
判事	3	簡易裁判所判事 (特)		324		35	359
判事	4	簡易裁判所判事 1		211		99	310
判事	5	簡易裁判所判事 2		187		267	454
判事	6	簡易裁判所判事 3		106		143	249
判事	7	簡易裁判所判事 4		113		96	209
判事	8			40			40
判事補		簡易裁判所判事 5				0	0
判事補	1	簡易裁判所判事 6			151	4	155
判事補	2	簡易裁判所判事 7			64	1	65
判事補	3	簡易裁判所判事 8			83	0	83
判事補	4	簡易裁判所判事 9			77	5	82
判事補	5	簡易裁判所判事 10			29	50	79
判事補	6	簡易裁判所判事 11			38	53	91
判事補	7	簡易裁判所判事 12			95	0	95
判事補	8	簡易裁判所判事 13			2	0	2
判事補	9	簡易裁判所判事 14			93	0	93
判事補	10	簡易裁判所判事 15			1	0	1
判事補	11	簡易裁判所判事 16			97	0	97
判事補	12	簡易裁判所判事 17			0	0	0
合計			23	1,360	730	753	2,866

裁判官と国家公務員の月額報酬

裁判官		現行（円）	国家公務員（特別職・指定職）
最高裁判所長官		2,227,000	内閣総理大臣
最高裁判所判事		1,626,000	国務大臣等
東京高等裁判所長官		1,557,000	内閣法制局長官等
その他の高等裁判所長官		1,442,000	
判1		1,301,000	事務次官
判2		1,146,000	外局の長官
判3	簡特	1,069,000	本省の局長
判4	簡1	906,000	
判5	簡2	783,000	本省の局次長
判6	簡3	704,000	審議官
判7	簡4	636,000	外局の次長
判8		573,000	

最高裁長官は内閣総理大臣と同等であり、最高裁判事は大臣と同等だ。判事一号は最高裁事務総局の幹部クラスで、事務次官と同額だ。判事特号は、人事院勧告を受け入れて現在は廃止されたが、激減緩和措置によって報酬額は据え置かれている。

さらにもう一度、上の表を見ればわかるように、九九年時点で事務次官と同等以上の報酬を受けている裁判官が二三六人もいるということになる。

裁判官の報酬が高いのは、戦後の司法改革で行政官よりも優位に設定されたからである。「裁く」という行為の責任の重大性が評価されているわけで、そのことじたいに異論を差し挟む余地はないだろう。しかも、裁判官数は慢性的に不足している。その結果、日常の業務は多忙を極めている。

それゆえ、いたずらに「高給批判」を展開するつもりはない。しかし、疑問は残る。事務総局に配属された裁判官たちは、行政官と同じような業務をしているにもかかわらず、裁判官として高額の報酬を受け取っているからだ。

エリート裁判官が固執する統制

最高裁によれば、司法行政に携わっている裁判官数は二〇〇五年現在、最高裁事務総局と高裁で六二人、司法研修所（事務局と教官を合わせて）三八人になるという。

明治大学政治経済学部の西川伸一教授は、著書『日本司法の逆説――最高裁事務総局の「裁判しない裁判官」たち』（五月書房、二〇〇五）で次のように看破している。

〈上意下達の組織原則をとる行政運営と裁判官の独立が尊重される裁判実務とは、原理的に相容れないものである。司法行政に携わることが裁判にプラスに働くとは、いかなる意味であろうか。司法行政の方針に従い、自らの保身に配慮した判決を言い渡すことだとしたら、それは裁判官の独立の放棄でしかない〉

その西川教授が裁判官の報酬について、こう語った。

「裁判官としての勤務実態もないのに裁判官としての報酬を支払うのは、どう考えてもおかしな話です。財務省が裁判官の大幅増員に消極的なのも、裁判官の高い給与体系が足枷《あしかせ》になっているという弊害にもつながっています。けれども対策は簡単です。司法行政はできる限り裁判事務官に任せればいいのです。〇五年の裁判所事務官採用Ⅰ種試験の合格率は、実に〇・六％と、司法試験の合格率よりよほど低いのです。つまり、非常に優秀な人材が集まっているということなのです。事務官を養成することで、かなりの部分は対処可能と考えます」

このような意見に対し、東京高裁管内のある裁判官はこう反論した。

「司法行政部門に裁判官を配置するのは、それなりの理由があるからです。裁判官の人事は、事務総局の人事局によるものばかりでなく、管内の裁判官に関する調査や配置は高裁の事務局長、地裁の代行の最大の仕事なのです。裁判官の人事評価や配置を事務官にさせるのは、どう考えても無理です。司法行政には直接、裁判に関るものも多く、やはり裁判官でないとできないことがあるんです。最高裁調査官も判事の補佐ですから、やはり裁判官でないと務まりません。ただ、確かに司法行政に携わる裁判官に報酬面での批判があることは、承知しています」

しかし、裁判官の配置は一部の管理職だけに限定することもできるのではないだろうか。事実、裁判官不足を嘆きながら、司法行政部門への配置ばかりでなく、省庁などへの出向者も多い。最高裁によれば、〇五年現在で出向者数は行政官庁が一五〇人、国会四人、その他（民間企業など）二五人となっている。最高裁は内訳を未公表としたが、行政官庁では法務省の訟務部門や民事局、外務省の条約関連部局に多く出向しているのは間違いないだろう。やはり、裁判実務以外の分野へ人材を割きすぎている印象は否めない。

司法官僚たるエリート裁判官たちがそこまで司法行政に執着するのは、やはり「裁判官による裁判官統制」を手放したくないからだろう。

裁判実務の現場感覚

町田顕氏が長官当時、新任裁判官の辞令交付式で「上ばかり見る〝ヒラメ裁判官〟はいらない」と訓示したのは、〇四年一〇月のことである。しかし、現実はまったくちがう。司法行政の中枢である事務総局に巣食う司法官僚たちは、人事・昇給面で裁判官たちを序列化し、強固なヒエラルキーを築いている。今後も〝ヒラメ裁判官〟は、再生産されていくことだろう。

また、司法研修所に勤める裁判官は、教官であると同時にリクルーターとしての役割を担っている。本来ならば、司法修習はニュートラルな研鑽《けんさん》の場でなければならないはずである。ところが、裁判教官はリクルーターとしての役割も担っている。

では、彼らが一本釣りするのは、どんなタイプの修習生なのだろう。修習を終了してまもない若手弁護士に聞いた。

「まずは成績優秀で、大学を卒業してまもない若い人です。そして、性格的にはクセがなく、事務処理能力の高さも重視されます」

要するに、従順な能吏《のうり》タイプが好まれるようだ。

裁判官たちは日ごろの生活をどのように送り、どんなことを考えているのだろうか。

松山家裁所長で、「日本裁判官ネットワーク」に所属する安原浩裁判官は、新任裁判官時代の思い出を語る。

「初任地はだいたい地裁の合議部で、裁判長、右陪席とチームを組むのですが、仕事も昼メシも、夜飲みに行く時も三人一緒でした。閉鎖的と取られがちですが、濃密な議論ができるという肯定的な見方をする人もいます。私が新任の時、裁判長や右陪席がすごく偉く見えたものですが、駆け出しの私に対しても非常にフェアに接してくれました。新任の判事補といえども、合議の一員です。臆することなく自分の意見が主張できるように、私も裁判長になってから威圧的にならないように気をつけています」

裁判所内部においても〝裁判官の独立〟は保障されなければならない。裁判実務の現場では、そうした雰囲気が伝統的にあるということなのだろう。

市民社会との分離壁

では、弁護士から裁判官に任官した人々からは裁判官の世界がどのように見えているのだろうか。

近畿弁護士会連合会が協議会を発足させ、市民推薦型で「弁護士任官」した第一号が現在、千葉地裁の工藤涼二裁判官だ。任官は〇二年四月。かつて神戸連続児童殺傷事件の少年の付添人を務めたこともある。

「弁護士は直接、事件の当事者と接触して、当事者を取り巻いている全体像を把握しようとします。直接的な事実と間接的な事実の両方を聞きますが、弁護士はそれを取捨選択して裁判所に提出します。必然的に裁判官は接する情報が限られ、ちょうど漏斗《ろうと》の小さな穴から当事者を見るようになってしまいます。そこが難しいのです。私の初任地は広島高裁でしたが、一審から上がってきた記録を毎日、朝九時前から夜一〇時ごろまで、ひたすら読む毎日でした。現場を見たり、当事者の話を聞いたりというのは物理的にできません」

「とにかく件数をこなすことに忙殺されますから、キャリア裁判官から見たら『早く決定を出せばいいじゃないか』と思われているかもしれませんが、弁護士任官した者としては勝っても負けても当事者が納得できるような裁判をしたい。法壇に座ると、法廷の人たちはみな、敬意を払ってくれます。しかし、それは裁判官という立場に対してであって、自分に対してではないと戒めています」

同じく市民推薦型で中部地区から最初に任官したのは、東京地裁の竹内浩史裁判官（現・さいたま地裁川越支部）だ。地元で市民オンブズマンとして行政の不正を監視してきただけに、弁護士仲間や周囲の人々は任官できるとは思っていなかったという。

「弁護士の時は裁判所を誤解していた部分があったと思います。上の命令で下が動くと思っていました。しかし、実際には上下横を問わず、変に干渉されることはありません。いまになって、弁護士と裁判官の関係がもっと近ければな、と思うようになりました。私もそうでしたが、これまでお互い異人のように思ってきたところがありますからね（笑）。実際は、裁判官はユニークな人が非常に多いですよ」

任官によって、弁護士席から見てきた裁判官とは、また異なった印象を感じ取っているようだ。

「最高裁事務総局に面白い裁判官がいる」

そう言う知人の紹介で会ったのが、〇六年当時、事務総局で総務局長を務めていた園尾隆司裁判官（現在は静岡地裁所長）である。園尾裁判官は、東京地裁の破産部総括から民事・行政局を経て総務局長に就いた。

エリート裁判官だが、日弁連のシンポジウムにもパネリストとして参加するなど、行動派でもある。最高裁の局長室で話す園尾裁判官は、洒脱な印象だった。

「裁判官はこれまで、社会から超然としていることが誇りでもありました。ひと昔前は付届け社会でしたから、クリーンさ、公平さには余計に敏感でしたね。居酒屋で飲んでいても『注文していないビールが来たら気をつけろ』と言われていました。裁判の利害関係者がたまたま居合わせているかもしれないからです。おちおち飲んでもいられないほど、過敏になっていました」

園尾裁判官は二五年前、裁判官として一年間アメリカに留学している。もちろん、留学といっても大学ではなく、裁判所が〝通学先〟だった。

「シカゴの近くの裁判所だったのですが、チーフジャッジ（裁判所長）に大変お世話になったのです。朝、裁判所に行く前に突然『一緒にラジオ局に行こう』と言うのです。彼は毎月一回ラジオ出演していたんですね。当時の日本の裁判官の常識では考えられないことだったので、本当にビックリしました。しかも、朝八時から三〇分という時間帯です。司法に対する市民の意識のちがいを感じました。彼と私とキャスターの三人で、日本の裁判制度に関する話になりました。私が『日本では無罪判決が出ても、検察側は上訴できる』と説明すると、『何だ、それは。ダブル・ジョパディー（二重処罰）にならないのか？』と大変びっくりしていましたね（アメリカでは、無罪判決や量刑不当を理由にした検察官上訴が原則的に禁止されている）。そのチーフジャッジは出演の後、すぐに職場に向かって裁判をするんです。裁判所をもっと市民の身近なものにしなければ、と痛感しましたね」

園尾裁判官は東大落語部OBだ。いまも母校で高座に上がり、「北帰里スズメ」の名で裁判をネタにした新作落語を披露している。

裁判官の一人がこう指摘する。

「園尾さんはああいう立場にありながら、積極的に市民の前に出て行って裁判所に対する理解を広めようとしています。最高裁事務総局では数少ない〝良識派〟の一人でした。しかし、既得権を手放したがらない勢力は厳然として存在しており、彼らの力は決して弱まってはいません」

いま法廷において、裁判官は弁護士や検察官を見下すような態度を取るような人物も少なくない。だが、彼らの話を聞いていると、多くの裁判官はきわめて真面目で、良心に従って職務に取り組んでいることがわかる。まだまだ一部に過ぎないが、市民社会と積極的に関ろうとしている人々もいる。

しかし、依然として裁判官と市民社会を隔てる〝壁〟があるように思えてならない。それは、裁判官自身が抱える、内なる〝壁〟でもある。

「公正らしさ」論による呪縛

裁判官に外部世界との接触をためらわせる背景にあるのは、裁判官の心を縛りつづける「公正らしさ」論である。裁判官は外見上も公正・中立に見えなければならないという、一見もっともな理屈だ。しかし、この「公正らしさ」論は、最高裁によって裁判官統制の道具の一つとして用いられてきた。

彼らが喧伝する「公正らしさ」が、いかに欺瞞に満ち、市民的な感覚を離れて一人歩きしてしまっているか。修習生の任官拒否や、判事補の懲戒処分が行われた事例をもとに見ていきたい。

大阪・箕面市在住の神坂直樹さんは二年間の司法修習を終了したが、一九九四年四月、任官を拒否された。成績はトップクラスで問題はなかった。しかし、修習中、任官希望を出させまいと裁判教官たちは執拗な「肩叩き」をくり返した。教官らは理由を押し隠してきたが、しだいに明らかになった。

神坂さんの両親は、「箕面忠魂碑《みのおちゅうこんひ》」訴訟の原告だった。さらに、神坂さんが司法修習の判決起案に西暦を使ったことも、教官の意に沿わなかったようだ。

「箕面忠魂碑」訴訟とは、七六年二月に提起された住民訴訟である。大阪府箕面市の市立小学校の増改築により、校庭にあった忠魂碑を移設する。市は公費約八六〇〇万円を支出して移設用地を確保し、忠魂碑を建立した。住民らは「戦争賛美のシンボルだ」と反発し、公金支出が「政教分離を定めた憲法違反にあたる」として、市長らを相手に訴訟を起こしたのである。八二年三月の大阪地裁判決は違憲と判断したが、八七年七月の大阪高裁判決で逆転敗訴する。住民側は上告したが、九三年二月、最高裁は住民の訴えを棄却した。

訴訟のさなか、神坂さんの父・哲氏が急死する。これを機に、当時大学生だった神坂さんは原告補助参加人として活動することになったのである。

周囲から弁護士志望と見られていた神坂さんだったが、裁判官任官を希望した動機は、一審の大阪地裁の古崎慶長裁判官の姿勢に感銘を受けたからだった。

〈古崎は箕面忠魂碑違憲訴訟で原告勝訴の判決を出したが、それが因となってその前後からいやがらせ、脅迫などの電話や手紙を受けていた。

京都地裁に転任後間もない八四年五月、日本刀を持った男に襲われかけた。それから六年後、古崎は「毎日新聞」(九〇年五月三日付)のインタビューで「裁判官は良心に従い法律解釈するだけで、一切妥協しない」「私を殺しても判決は変わりませんよ」などと語りつつ、裁判官のあるべき姿をこう述べている。直樹が感動したところだ。

「裁判官はそれぞれの個性を生かし、慣行や圧力に屈せず、独自の判断を下すことが、司法における『言論の自由』であり、真の司法の独立だ」と〉（田中伸尚『反忠——神坂哲の七二万字』一葉社、一九九六）

教官らの対応は明らかに思想差別だ。神坂さんから理由を問われ、言葉に窮した教官の一人は、驚くべきことに「人柄が悪いから」と面罵したたしたこともあったという。それでもめげずに「判事補採用願」を提出したが、最高裁の解答はノーだった。

神坂さんは「思想信条を理由に職業選択の自由を奪われた」として、国賠訴訟を起こす。一、二審はほとんど証拠調べすら行なわれず、「性格、資質から適任でないと判断したもので、思想、信条は理由ではない」として請求を認めなかった。神坂さんは上告したが、やはり二〇〇五年六月、最高裁（第三小法廷・藤田宙靖裁判）は門前払いを決め込んだのである。この上告棄却の決定は、まさに最高裁の人事政策の透明化が図られる渦中に出されたのである。神坂さんに三下り半を突きつけた最高裁の病巣は、まことに深い。

現在、塾の講師をしている神坂さんが、あらためて裁判を振り返る。

「任官前の消しようもない過去を理由にチャンスを奪われるのは、到底納得できませんでした。裁判官が積極的な政治運動を禁じられていることは理解しているつもりです。ただ、裁判官であっても市民的自由は保障されなければならないと思っています。裁判の結果は別としても、最初から原告が勝つために必要な手続きを踏んでくれませんでした。裁判の体すらなしていなかったことを、非常に残念に思っています」

法曹一元を棚上げにした「改革」

寺西判事補分限《ぶんげん》裁判事件が起きたのは一九九八年のことである。当時、仙台地裁に所属していた寺西和史判事補が組織暴力対策法案の反対集会にパネリストとして参加する予定だったところ、地裁所長から「積極的な政治活動にあたる恐れがある」と警告を受けた。

集会当日、寺西判事補はフロア会場から「法案に反対する発言をしても積極的な政治活動に当たるとは思わないが、パネリストとしての参加は辞退する」と述べた。これが「言外に法案に反対した」として、仙台高裁によって分限裁判（裁判官の免官および懲戒に関して行われる裁判）にかけられ、戒告処分を受けた。寺西判事補は最高裁に即時抗告したが、最高裁大法廷は一〇対五の多数意見で戒告処分を支持したのである。山口繁、小野幹雄、藤井正雄、北川弘治、千種秀夫、金谷利廣、裁判官出身の判事六人は多数意見に与した。反対意見は弁護士と学者だった。

これが「公正らしさ」を言い募る最高裁の公正な裁判なのだろうか。出身枠ごとに意見が分かれる現象は、当り前のように起きている。裁判官六人と検察官二人の「官」が同調し合えば、多数意見を形成できる。これでは「民」は最初から歯が立たない。

「公正らしさ」論はもともと七〇年代初頭、保守政治家による裁判所の〝偏向キャンペーン〟を受けて、石田和外長官が喧伝してきた言葉である。

こうした馬鹿げた事態を解消するには、広く社会経験を一〇年以上積んだ法曹関係者（主に弁護士や法学者）から任用する「法曹一元」を実現するしかないだろう。行政・住民訴訟で原告側が勝てないのも、刑事・民事事件の訴訟当事者に対する理解の欠落も、純粋培養の判事補制度、すなわち裁判官のキャリア・システムによる弊害にほかならない。判事補から判事に昇格するキャリア・システムでは、最高裁の意向に忠実な裁判官しか生み出さない。報酬や経験などによる序列を意識させられた〝独立〟できない裁判官は、社会性に欠け、真に公正な判断など期待できないだろう。

「法曹一元」が実現すれば、最高裁のコントロールが及ばない裁判官が増えることになる。

しかし、司法制度改革はこの「法曹一元」を棚上げにしてしまった。近い将来、〝偽りの改革〟との謗《そし》りは免れまい。

第6章

真の市民参加とは

――裁判官・弁護士に聞く

陪審制度への転化を

石松竹雄（弁護士・元大阪高等裁判所裁判官）

「司法参加」のかけ声の空洞化

――市民の司法参加を建前とした裁判員制度に最高裁も法務省、日弁連も表向きは推進していますが、どこまで本気なのか測りかねます。

「最高裁は最初に『評決権なき参審制』を提起していたぐらいですから、もともと市民参加には消極的なんです。本音では、現在の職業裁判官による裁判で何も問題はないと思っているわけです。けれども、先進国で市民参加制度がないのは日本だけだから、体裁だけでも整えておこうという発想に過ぎない。最高裁は、裁判官のモチベーションを落とさないように、いかに裁判員制度を運営していくかということしか考えていません」

――裁判員制度に対する賛否も、立場によっていろいろと異なっていますよね。

「現在の裁判官による裁判はダメだから、裁判員制度を導入することによって少しは良くなるのではないか、という希望を持っている人たちが意外と多い。特に刑事弁護を一生懸命やっている弁護士にしてみたら、そう考えないと救いがないんですね。いろいろと問題があっても、何とか良くしていこうという使命感も持っています。また、裁判員制度の導入を機会に調書裁判が壊せるのではないか、公判中心主義を実現できるのではないか、と積極的に歓迎する意見もあります。

僕ら陪審制度を推進する者としては、現在の裁判は間違いだらけだが、裁判員制度を導入しても良くなる見通しはないという立場です。しかし、裁判員制度が始まったら、これを踏み台にして陪審制度に転化しないといけない。目標はあくまで陪審制度へ展望を開くということです」

――裁判員制度の最大の問題点のひとつとして、裁判官と裁判員が協働して評議することで、市民が単なる〝お飾り〟にされてしまうという懸念があります。

石松竹雄（いしまつ・たけお）
1925年大分県出身。東京帝大法学部卒。50年任官。大阪地裁、司法研修所教官、大阪高裁総括を経て90年退官、現職裁判官時に「わが国の刑事被告人は裁判官による裁判を本当に受けているのか」と刑事裁判の現状を批判した論文を法律雑誌に発表し、話題となる。

「まず、裁判官と裁判員が持つ権限の差に問題があります。裁判員は事実認定と刑の量定の権限を持っています。一方、裁判官は訴訟手続上の権限、法律解釈の権限、事実認定と刑の量定の権限を持っています。裁判官は裁判員との評議の前に、公判前整理手続をやってすべての訴訟手続を主宰し、証拠書類の内容も見てきています。法律解釈に関しては裁判官だけの権限で、完全にその主導権を独占しています。すべての権限を持っている人と、部分的な権限しか持っていない人が、対等な立場で評議することじたい無理です。権限を与えないまでも、裁判員には公判前整理手続を傍聴させるべきです。本当は公開すべきだと思うんですが、それすらやっていません」

制限される被告人の証拠請求と主張

——例えば、秋田の児童連続殺害事件では起訴から公判前整理手続を経て、初公判までに一年間もかかり、その間ずっと密室でやり取りが続けられてきたことはやはり異常だと思います。

「一年間も準備手続に携わっていたら、裁判官はすでに事件の見通しをつけてしまっているでしょう。評議の場で裁判官が裁判員をミスリードする恐れのあることは、目に見えています。公判前整理手続には被告人の立会い権はあるけれど、別に立ち会わなくてもいいことになっています。弁護人の姿勢いかんによっては、当事者抜きの手続が行われる恐れもあります。裁判官にとって、被告人の目はある意味で怖いんです。公開法廷と被告人の出頭は、手続を緊張させる絶対要件なのですが、それを保障していないところに問題があります」

——公判では新たな証拠調べが、やむを得ない事情がない限り原則的に制限されることも問題です。

「そうですね。新たな事実の主張に関しては明確な規定はありませんが、これも制約を受ける可能性が高い。僕が控訴審弁護を担当してみた記録では期日間整理手続をやった事件でしたが、新たな証拠調べや主張が制限されました。強制わいせつ事件なのですが、用務員さんが低学年の女子児童を抱き上げて下腹部にキスをした、とされている案件です。むろん、用務員さんは否認しています。みんなが遊んでいる横で、女の子がつまらなそうにしていたので抱え上げてあげた。その時、女の子のおヘソが出てしまったので、笑わそうと思ってチューをするふりをしただけだと言うのです。女子児童の証言する抱き方に基づいて関係者が実験してみたところ、その抱き方では下腹部にキスするのは不可能だとわかったのです。そこで、その実験に関与した証人(別の立証趣旨で採用されていた証人)に対して、その点について尋問しようとしたところ、期日間整理手続で主張しなかったという理由で裁判官が制限してきたわけです。新たな主張が認められなかったのか、証人尋問も証拠調べだから、そちらが認められなかったのか判然としませんが、立証趣旨の追加も認められませんでした。公判前整理手続にしても期日間整理手続にしても、制度が濫用される危険性があるんです。被告人の主張や立証を制限する方向に濫用され、防御権を侵害する恐れの強い制度です」

——公判前整理手続もその後の公判も、同一の裁判官が進行することについて問題はないのでしょうか?

「整理手続を主宰する裁判官と、公判の実体審理——証拠の評価——をする裁判体とは、分けるべきでした。本来なら、罪体立証(事実認定)と量刑審理も区別すべきです。予断排除の原則は完全に潰されているのです。公判前整理手続の段階で、実際にはほとんどのケースで勝負はついてしまっています。検察と弁護側両方から細かい主張と証拠を出させて、同意・不同意、採用・不採用も決めたうえで、公判では予断を持たずにやれなんて神様でなければできません。虚心坦懐にしてゼロから公判審理に当たるなんて無理です。訓練を受けた職業裁判官だからきちんと使い分けができるなんて、単なる言い逃れに過ぎません。証拠調べのお膳立てをする裁判官と、証拠を評価する裁判官は別でなければいかんと思います。本当なら、現行の職業裁判官の制度であってもそうすべきです。まして、裁判員制度における評議の場で裁判官が予断にまみれていたら裁判員がその影響を受けないわけがありません。そのようなことでは市民が〝飾り物〟にならないほうがおかしい」

多数決による死刑判断は妥当か

――裁判員に量刑の判断まで参加させることは適切なのでしょうか？

「刑の量定ばかりは、一般の人々にはできないと思います。法制審議会で作られた『改正刑法草案』（一九七四年発表）は問題点も多いのですが、これには刑の量定に関する一般原則が要領よく盛り込まれています。まず、刑は被告人の責任の量に応じて量定せられなければならないという基本が書かれています。その次に、刑の量定にあたっては、犯人の年齢、性格、経歴及び環境、犯罪後における犯人の態度その他の事情を考慮し、犯罪の抑制及び犯人の改善更生に役立つことを目的としなければならないという条文があります。また刑の量定の基本は、証拠によって個別的な事情をきちんと把握したうえで判断することなのです。

このように、刑の量定は、事実と違って、専門的知識を必要とし、一般市民が判断するのはかなり困難です。そこで、裁判員制度では、裁判官が『この事件の場合、量刑は何年ぐらいに当たる』ということを説明しなければ、裁判員には判断できない。すると、裁判官はいきおい量刑表を持ち出すでしょう。量刑には先に挙げたように政策的考慮のほか、動機は怨恨によるものか痴情によるものか、犯行は計画的か偶発的か、凶器は何か、などを詳細に分析しなければならない。ところが、量刑表はあくまで目安に過ぎないので事件の表層だけつかまえて判断してしまうことになります。専門的知識が必要な事項と、必要でない事項とをごっちゃしてしまっているんです」

――しかも裁判員の参加する裁判は、死刑を含む重大事件ばかりです。

「だから、多数決での評議というのは非常に危険なんです。少なくとも、死刑事件は全員一致にすべきです。先の改正刑法草案にも、死刑の適用は、特に慎重でなければならない、と現定されています。一人でも反対がおったら本当はいかんですよね。僕は死刑反対なんだけども、そういうことを別にしても、多数決での死刑判断は許されないと思います」

――裁判員制度は重大事件ではなく、もっと軽微な事件、交通事故や窃盗、痴漢などの否認事件から導入すべきだったのではないでしょうか。

「日本の戦前の陪審制度もっと広汎な事件を扱ったんですね。法定陪審は重大事件、被告人から希望があれば請求陪審、というふうに分けられていました。合議体で審理するような事件は黙っていれば陪審裁判に付されました。裁判員制度とちがうのは、被告人は辞退できたことです。自白事件はほとんど全部辞退していたでしょうね。現在地裁の単独法廷で扱うような事件は請求陪審になります。長期三年以上の刑で、窃盗や詐欺、横領事件などが該当します。現在なら、交通事犯の業務上過失致死なんかも入ります。請求陪審は結果的に否認事件とイコールですから、僕は陪審法の請求陪審事件を全部裁判員裁判の対象とし、被告人に選択権を与えたらいいと思う」

——市民の厳罰化傾向が顕著で、評議の場が応報の観点に引っ張られるのではないかという気がします。

「危ない。だから、本当は『説示』という制度を設けなければいけません。無罪推定の原則、合理的疑いを超える証明とはこういうことだということを説示しないと、素人である裁判員にはわかりません。しかし、裁判員法には『法令に関する説明を丁寧に行う』(裁判員法六六条五項)と想定され、規則では基本的な証拠法則なども説明するように規定されていますが、説示に関する明確な規定がありません。評議に加わらない裁判官によってどういう説明がされるかが重要なのであって、裁判官が自分の心証に都合のいい見解を述べてはならないのです。だから、『説示なしでは裁判員制度は成功しない』(現代人文社、二〇〇七)で、説示の必要性を説いた五十嵐二葉さん（弁護士）はさすが、と思いました。陪審裁判では公開の法廷で説示を行うので記録にきちんと残ります。ですから、裁判官の説示の仕方が良いか悪いかということも、上訴の理由になるんです。適正な手続を保障するためにも、その裁判を審理する裁判官とは別の裁判官が説示しなければならんのです」

刑事裁判手続きの陥穽

――裁判員制度の導入によって、刑事訴訟法で変えなければならないところがあると思うのですが。

「やはり、〝調書裁判〟の根源である三二一条一項二号（検察官調書の証拠能力）は廃止しなければいかんと思います。弊害の根源となっている勾留期間も大幅に短縮しなければいけない。取調べ時には弁護人の立会いを認めるか、録画・録音を義務づけなければならない。『取調べの可視化』は、勾留期間を短くしなければ実現が困難です。取調べを一日一〇時間で二〇日間やったら、二〇〇時間も録画しなければならない（笑）。取調べ権の制約というものをもっと考えなければなりません。現在の長期にわたる勾留期間は、捜査官の見込みに沿った自白追及に使われるだけですから。本当はそんな長いことといらんのですよ」

――特に否認事件では、検察の勾留請求を裁判所はほとんど却下しないし、保釈もなかなか認めようとしません。

「被疑者や被告人から勾留理由の開示を求められたら、裁判所は開示しなければならないことになっています。だいたい、刑訴法六〇条の一項一号（住居不定）、二号（罪証隠滅の恐れ）、三号（逃亡の恐れ）により……という法律を示されるだけです。いまの裁判官は検察の請求に従うだけで、自分で判断しなくなっていますね。かつては、きちんとした裁判官は逮捕状でさえも、複雑な事件では半日や一日ぐらい記録を検討しないと出さない人もいました。一九五〇年代に大阪地裁で一緒だった、山本一郎さんという裁判官がそうでした。その後、大津地裁に転勤になっても同じように対応していました。だからといって左遷されることもなく、むしろ当時の所長から『君は勉強家だから刑事局に向いている』と評価され、最高裁の刑事局付になった。そういう処遇をしていた時代もあったんですよ」

――いまの最高裁事務総局では、とても考えられないですね。

「令状というのは、刑事訴訟法の一番暗い谷間だったんです。そこをいかに明るく照らすかということに頭を悩ませたものです。僕らが若いころは、弁護士の協力なんてほとんどなかったですからね。意見書や資料を出していたのは、労働・公安事件を担当している一部の弁護士だけでした。通常の刑事事件の勾留請求の段階で、弁護人が来て意見を言ってくるなんてことはまったくなかった。検察官から一方的に資料が届くだけで、そんな状況下でも、抵抗してある程度は却下していたわけです。最も却下率の高い時は地裁で七％ぐらい、いまは一％以下ですからね」

――令状裁判官はいつごろから堕落したのですか？

「やはり、七〇年代初頭の『司法の反動』以降です。判断に迷う時は検察官の言う通りにしておけばまちがいない、というふうに変わってしまったんです。捜査の必要性は裁判官にはわからんのだから検事の言う通りにしたらいい、という教育を実際に研修所でもやったわけです。それまで悩みに悩んで判断していたのが、司法研修所を含む最高裁が悩まなくいいということを盛んに言い出し、令状裁判官は悩まなくなった。特に被疑者が容疑を否認しているケースではきちんと資料に目を通し、嫌疑があるか、罪証隠滅のおそれがあるかということを厳格に判断しました。否認しているから罪証隠滅のおそれがあるなんて、以ての外でした。

罪証隠滅の恐れという名目で、いかに不当に拘束されているか。もちろん、厳密に言えば罪証隠滅しない人間なんてほとんどいません。疑いをかけられれば弁解したくなるのが人情です。それが当然、という前提のうえに当事者主義は成り立っているんです。そもそも何を基準として罪証隠滅行為とするか、という問題があります。逆に被告人の主張に相当な理由がある場合は、検察の行為のほとんどは罪証隠滅になります。自分たちの見込みに沿った供述を得るために、証人を突きまわすなんてのもそうです。お互いが罪証隠滅のやり合いなんだから、片方だけを拘束している理由はない、ということなのです。これはもともと英米法の考え方なんです」

調書裁判からの脱却を

――人質司法は「調書裁判」の弊害ですが、裁判員裁判に「調書裁判」からの脱却を期待する声もあります。

「確かに調書は少なくなると思う。しかし、調書に取らなくなるというだけのことで、取調べはいままでと同じようにするんですよ。そして、最後の自分たちの都合のいいところを調書に取る。あるいは、そこだけ録音するということなんです。ですから、調書以前のものは開示請求しても『ない』ということになるんですね。いままで日本の裁判で、無罪を勝ち取ったのは、被疑者や参考人の供述の変遷を捉えて成功した場合が多いわけです。不自然な変遷があれば、そこを指摘して自白の任意性、信用性を争ってきたのです。刑事弁護人はそういう食い違いをつかまえて、無実を掘り起こしてきた。

却って、その足場がなくなる恐れがあります。公判中心主義になると言いますけど、たとえば弁護人立会いの書面でなければ証拠能力がないとかね、そういう制度を設ければいいんだけど……。欧米の警察や検事は、日本のように公判廷で証拠調べをする必要ないほど調べてくるわけではありません。その前提で証人に対する主尋問・反対尋問をやっているから、訴追側と被告側にはある程度の平等が担保されているわけです。日本の場合は、訴追側が強制捜査力を持って充分な捜査をしてくる。しかも、警察と検察が重要証拠についてすり合わせをして、起訴します。彼らはそれが正しい捜査のあり方だと思っているわけですが、その最後の部分しか証拠として出てこないとなると、弁護側は本当に取り付くシマがなくなります」

――戦前の日本の予審制度はどう機能していたのか、供述調書との関連で教えて下さい。

「旧刑訴法の予審制度のもとでは、詳しい調書は予審で全部作成されていたのです。現在のような捜査官の密室での取調べによる調書は、比較的簡単なものしか作られていませんでした。証拠能力がなかったからです。予審調書は、いまの検事調書とは比べものにならないほど犯罪の構成要件に該当する事実が正確に書かれており、公判において証明力が高いと評価されました。事件を公判に付するだけの嫌疑があるかどうかを決めるのが予審です。予審は検察官の起訴に対し、嫌疑なしと判断すれば公判まで開かずに予審免訴という形で被告人を釈放する。無罪判決と同じなのです。ですから、予審はきちんと機能すれば本来はいい制度なんです。ところが、日本の予審判事は検察官の下請けになってしまい、もっぱら捜査の上塗り、完成のための取調べをやるようになったのです。予審免訴なんかする裁判官は、検察官から無能扱いされて批判される始末だったようです。

戦後、裁判制度は英米法化され、公判中心主義、当事者主義が取り入れられました。しかし、一方で予審制度の本来の機能を生かそうと、法曹界から予審を当事者化してより良い制度にしようと改正案も出てきました。しかし、ＧＨＱから潰されてしまうわけです。こうして予審制度は一九四九年に廃止されるわけですが、その代わりに検察官の権限が肥大化されたのです。新刑訴法を作るにあたって、GHQに対してうまく立ち回ったのが、当時の司法官僚たちでした。戦後、検察官はもちろん行政官になるわけですが、アメリカではもともと検察官が司法官という認識などまったくないんですね。日本では、憲法のいう司法官憲の中に検察官が含まれるかどうかが一時大論争になったのです。司法官僚たちは、日本の検察官は裁判官と資格が一緒で準司法官的な公正な立場でやる、とGHQを説得したようです。GHQ側の担当者も、アルフレッド・オプラーというドイツ系の司法学者だったから、戦前の帝国憲法が手本とした大陸法にも理解があったかもしれませんですね。

その結果、現在のような強固な捜査権を検察や警察に与えてしまったのです。当初の段階での改正刑法草案では、取調べ権の規定もなければ、二三日間の勾留や勾留延長という規定などありませんでした。『数日間の仮勾留を認める』という規定しかなく、きわめて英米法に近かったのです。それがだんだんと、司法官僚のおかげでなし崩しになっていくわけです。当事者主義の刑訴法を作りながら、捜査に職権主義を残してしまったわけです」

反対勢力として最後まで抵抗を

――陪審復活を主張していた人たちは、裁判員制度が出てきた時にどうすべきだったのでしょうか。少しでも主張を通すことを考えるべきか、あるいは陪審でなければすべて撥ねつけるべきだったのか……。

「僕は最後まで抵抗しなければダメだと思います。日弁連も司法制度改革については、持論を持ち続けるべきだったと思う。陪審制度の復活が目標だったのに、結局、裁判員制度という形で国家権力側に取り込まれてしまいました。具体的な制度設計は、完全に法務省のペースで進んでしまった。安易に妥協などしないで、反対勢力として残っていたほうがいいんです。一貫して陪審制を主張し続けるべきでした。市民の司法参加を潰せるものなら潰してみよと言って開き直るぐらいの態度を貫けば、案外潰せなかったかもしれません。法務省も最高裁も、市民参加を完全に否定して、職業裁判官だけの裁判に後戻りすることはできなかったと思います。仮に妥協するにしても、最後まで本来の主張を貫いた上であれば、もっとよい制度になったように思われます。もちろんそれでも結果的に、いまの裁判員制度と同じようなものになったかもしれません。ですが、きちんと批判できる立場は残ったはずです。当局と一緒になって推進していかなければならない、いまの無様な姿にはなっていなかったと思います。

亡くなった佐伯千仭《ちひろ》先生（刑法学者・弁護士）は法制審議会の刑事法特別部会で刑法改正に当初は一人で反対していました。しかし、だんだんと佐伯先生の同調者が増えていき、最終的に全面的刑法改正は見送られることになりました。やはり、反対すべきものには、きちんと反対しなければいけないと痛感します」

——裁判員制度を凍結して陪審制に変えられればいいのですが、それでも始まってしまった時にはどう対処していくかも考えなければなりません。

「刑事弁護を一生懸命やっている弁護士にしてみたら、当面、自分の依頼者に対する責任がありますからね。この制度の中でいかに闘うかということは、刑事弁護人にとってみれば第一義なわけですよね。悪い制度だからといって、怒りにばかり逃げ込むわけにはいかないですよね。しかし、第二次大戦後の日本における刑事訴訟法改正の歴史というのは、被疑者・被告人の権利という立場から見れば、ほとんどが〝改悪〟でした。ずっと後退してきたのです。制度が改正（改悪）されるまでは、日弁連も個々の弁護士たちも猛烈に反対しているわけです。ところが、制度ができてしまうと、弁護活動は制約を受けながらも、そのうえに乗っかった形でやるしかない。現実に埋没してきたんです。ずっと、そのくり返しなんですよ。だからたとえば、僕みたいな暇な人たちが（笑）、本来あるべき姿は何かという議論をきちんとやっていかなければいけないと思っています」

――陪審論者のなかには、裁判員に選ばれても拒否すべきだという主張もあります。石松先生はどう考えますか？

「裁判員になった以上は受けるべきだと思います。受けたうえで、裁判員裁判が本当に公正に行われているかを確かめてきてほしいですね。市民として主張すべきは、遠慮しないで主張してもらいたい。もし正当な主張が阻害されるようなら、はっきりと抗議するべきです。僕らも、本来の市民参加の姿である陪審制の実現を要求し続けたいと思います」

刑事裁判に自白は必ずしも要しない

伊東武是（現神戸家庭裁判所判事・日本裁判官ネットワーク）

裁判員制度に何を期待するか

――伊東判事は裁判員制度に賛成のお立場ですが、まず、その理由からお伺いできないでしょうか。

「賛成の理由は二つあって、まず一般の人々が評議に入ることによって、判断に幅と深みが加味されることを期待しています。これまでの職業裁判官だけの判断では綻びや限界も指摘されています。市民の参加によって、より適正な裁判につながる可能性があると思っています。そして、裁判員制度が導入されることによって、刑事裁判の手続が大きく合理化されていき、マイナス面が一歩前進すると思います。裁判も迅速化します」

――日本裁判官ネットワークのホームページに掲載されていますが、伊東判事は「自白と刑事司法について考える」と題して、自白調書の問題点をさまざまな角度から論じておられます。いわゆる〝調書裁判〟からの脱却ということも、裁判員裁判に求められていることですよね。

伊東武是（いとう・たけよし）
1944年愛媛県出身。東大法学部卒。70年任官。大阪高裁、神戸地裁姫路支部などを経て現職。99年、「開かれた司法」を目指して結成された日本裁判官ネットに参加。同ネットの編著に、『裁判官だって、しゃべりたい!』（日本評論社、2001）。

「調書裁判から脱却できるというのが裁判員制度の大きなメリットだと思います。確かに、調書を重視したこれまでの裁判にも、それなりの理由がありました。特に、裁判が長引いて証人などの記憶が薄れてしまった時など、事件直後の調書に記録化されたもの、すなわち「記憶の缶詰」は貴重な証拠になります。また、自白であれ、参考人供述であれ、詳細に聞き取って整理した調書は精密な認定に役立ってきた面もありました。しかし、密室で取調べられた自白調書には虚偽自白の危険性があり、参考人の供述調書についても、その精密さの中に却って大きな問題がありました。警察官や検察官は調書に迫真性を持たせるテクニックを持っていますから、虚偽があたかも真実であるかのように調書化されて法廷に出てくる危険性があります。証人の調書を取る場合でも、巧妙に微に入り細に入り供述させることもできるでしょう。捜査官が曖昧な記憶を確実なものにするため、細かい点を無理にしゃべらせて、鮮明な記憶があるかのように作ってしまうこともあります。取調官の善意であったとしても、誤導・誘導が行われることもあるでしょう。

　裁判員裁判では、証拠調べは、迅速かつ直接的に行われます。証人の記憶が比較的新鮮な時にその証言を聞くことができます。「記憶の缶詰」を使う必要はありません。裁判員は、被告人や証人の供述内容、態度から直接的に心証をとることになります。調書裁判の持っていた危険性は排除されます」

自白偏重への警鐘

――伊東判事がかつて担当された脅迫事件では、被害者の女子学生が証人尋問で具体的に被害の事実や恐怖感を切々と述べています。一方、被告人の男性は捜査段階でいったん自白していますが、裁判では否認に転じて自白の任意性を争います。伊東判事は女子学生の証言は十分信用できるとする一方、被告人の弁解供述は到底信用できないとして、すでに有罪の心証を抱いていました。ところが、被告人の自白調書を証拠採用する検察官の請求を却下しています。自白調書に依らない有罪認定というのは、実は非常に珍しいケースですよね。

「誰が見ても、被告人が虚偽を述べているのは明らかな裁判でしたからね。心証は取れているわけですから、もう自白調書なんかいらないんですよ。警察官が被疑者に無理やり認めさせたというだけのことですから。その自白調書が任意のものかどうかについて審理するための時間と労力を使って、裁判を長引かせる必要はありません。確かに自白は『証拠の王』といわれていますが、刑事裁判では必ずしも必要としないということなのです」

――こうした有罪のケースでも、自白調書が証拠採用されないと、検察官は不快に感じるものなんですか？

「いまの警察捜査の流れは、自白を取ることに血道を上げていますからね。彼らはそれがオーソドックスな捜査方法という信念を持っているわけです。検察官は、せっかく警察官が努力して取った自白調書を証拠として出さないのは申し訳ない、という感覚があるんじゃないでしょうか（笑）。刑事裁判の現状も自白調書中心になっていますしね。

問題なのは、直接的な証拠がない事件の場合です。物的証拠が少なくて、目撃者などの証言もないような時に自白調書が意味を持ってきます。それが〝自白偏重〟と問題視されているのです。警察・検察にしてみれば『自白調書がなければ立件できない事件もあるでしょう』というわけです。放火事件や密室殺人事件をどうやって捜査したらいいのか。あるいは、暴力団関係の事件では、ヤクザの親分を訴追するためにはその子分から『親分から言われてやりました』という自白を取らなければいけない時もある。ヤクザは法廷で証人として尋問したのでは決して親分のことをしゃべらないでしょう。『親分は野放しでいいんですか』と、こうくるわけです。組織犯罪の上位者をいかに訴追するかという困難な面があるから、警察は自白調書を手放したくない。欧米では、組織の下位の者を捕まえて、不起訴や微罪扱いにすると持ちかけ、上位者に対する不利益供述を引き出す。いわゆる司法取引があります。そもそもある種、誘導ですよ。でも、そうしないと組織犯罪を解決できないという主張は、欧米も日本も同じなんですね」

――日本でもこれまでの冤罪事件の例を見れば、「自白すれば極刑を免れる」などと、密室でのやり取りはありますよね。

「密室の取調室で、脅しでやってはいけないですよね。また秘密にこっそり取引してもいけません。虚偽証言が生まれかねません。アメリカでは取調べ時の弁護人の立会いが認められていますから、弁護人を同席させたうえで、正々堂々と司法取引をするわけです」

「石抱き」と「説得による自白」の差異

――以前から疑問に感じていたのですが、被告が自白の任意性を争っているのに、それを認めて証拠採用し、信用性を判断するというのは、どう考えても理屈に合わないという気がします。

「それは私もやってきたことなんですけどね（笑）。信用性がないということは、無茶な取調べをしたということですからね。確かに信用性はないが任意性はあるというのはちょっとおかしいですよね。ただ、こういう事情もあるんです。自白の任意性を認めず証拠採用しなかった場合、検察側から控訴された時に二審の裁判官から『任意性を認めなかった一審の判断はおかしい、自白調書を採用しなさい』と差し戻してくる可能性が高まるのです。手続が煩雑になり、結局ものすごく時間がかかってしまいます。ならば、自白調書は取りあえず証拠採用しておいて、自白の信用性がないと判断したほうがいいケースもあります。そうすれば検察官が控訴しても、控訴審は差し戻しもせずに自白の任意性信用性を自ら判断することができ、手続がスムーズになります」

――証拠として採用されなければ、自白調書の内容が裁判官の目に触れることもありません。裁判官には、調書を読まなければ不安になるという心理もあるんですか？

「長年、裁判官は調書中心の裁判に慣れてきてしまいましたから、不安な人もいるでしょうね。自白があれば何となく安心、という気分にはなりがちだと思います」

――自白に関する論考で、伊東判事が〈かつての後ろ手に縛った上での「石抱き」の拷問と、二〇日間の勾留期間中硬軟織り交ぜた執拗な「説得」により自白を獲得しようとするわが国の現在の捜査方法との間に、はたしてどれほどの「文明」の進化があるといえるのだろう〉と書かれていることに、非常に感銘を受けました。

「無理やり自白させられたと、裁判で争われることが少なくないですからね。その結果、裁判は長期化を余儀なくさせられます。また当然、冤罪の危険性も生じます。仮にその人が真犯人だとしても、あまりにひどい取調べをすると、その人の人間不信を一層強めて、その更生を妨げる要因にもなると思います」

――「取調べの可視化」の必要性と、全過程を録画・録音すべきだという意見が強まってきています。

「全過程を可視化して得られた自白というのは、客観的にも真実であることが担保されるわけですから、捜査側にもメリットがあるはずですよね。可視化が実現することによって、警察や検察は脅しや誘導などではなく、被疑者と誠心誠意向き合う技術を身につけるべきだというのは正論でしょうね。現時点ではまだ、勾留期間は従来通りなのですから、捜査側はその対策を急ぐべきです。

可視化について、捜査側は初犯者に関してはあまり問題にしていないと思います。録画されても、自白を取る自信はあるでしょう。ただ、彼らが懸念しているのは、何度も犯罪をくり返している累犯者やヤクザで、『彼らから自白を取るのは、そんなに甘いものじゃないですよ』と言ってくるかもしれませんね」

市民による認定と判断は成立するか？

——裁判員制度への反対論のなかには、一般の市民に事実認定や有罪・無罪の判定などできない、という意見もありますが。

「裁判官が膨大な調書を読み込んで他の調書や証言と比較し、何が虚偽で何が真実かを見分けるのは、能力ではなく経験からくるものなのです。裁判官がいろんな事件を担当してきて培ってきた技術なんです。それを一回限りの裁判員に求めるのは確かに大変です。調書を中心にした裁判員裁判は危険、というのはまさにその通りです。だからこそ、〝調書裁判〟は裁判員裁判では通用しなくなるのです。

けれども、裁判員が法廷で一回限りの証言の真偽を判断するのは十分可能です。裁判官と差があるとは思えません。被告人や証人の表情、言葉の強弱、仕種、供述態度全体を見て判断する力は、私はむしろ若い裁判官よりも人間をよく見ているベテランの一般市民の判断のほうが優れていると思います。事実認定ができないというのは杞憂です。

それに市民が一人で判断するというわけではありません。証言の真偽についても、みんなでさまざまな角度から意見を出しあって、総合的に判断して決めるのです。いくら裁判官に経験があったとしても、そこに偏りや思い込みがあることもあるのです。だから、誤判も起こったのです。市民の素朴な疑問や意見というのは、より次元の高い判断に結びつくことになるはずです。そういう意味では、一般の人々の常識的な判断は貴重です。たとえ評議の当初において結論に自信がなくても、あの証言のこの部分は信用できるとか、部分的な意見が重要なのです。そうした小さな意見を積み重ねて評議するうちに、自然と一定の結論が見えてくる、それが、裁判員裁判だと思っています。一人で有罪無罪の判断、量刑まで決めなさいと言われれば、誰だってたじろいでしまう。自分なりに九分の一の意見を出してもらえればいいのです。それが裁判官の偏見を打ち破ることになるかもしれない。より高度な判断に、みんなの感覚で到達しようということではないでしょうか。『一般市民に事実認定はできない』なんて、短絡的なことを考える必要はないと思います。一方、裁判官の側は、裁判員のどんなに自信のない小さな声であろうと、真摯に傾聴する姿勢を持たなければなりません」

——裁判官から裁判員に対する「説示」はきちんと行われると思いますか？

「予断を持たないこと、被告人に前科があることを誇大視してはいけないこと、疑わしきは被告人の利益に、といった内容の説示は当然やらなければならないし、やるはずだと思います。特に合理的疑いがある場合は、罪に問えないということは、裁判員のみなさんにしっかりわかってもらわなければいけないですよね」

――裁判員裁判で不安なのは、評議が全員一致でも絶対多数決（三分の二以上など）でもなく、単純な多数決であることです。たとえば死刑事件で被告人が否認しているケースを想定すると、有罪・無罪の評決が単純多数決で決まるのは非常に危険だと思います。

「いままでの刑事裁判も合議体ならば、三人の中で多数決をやってきたわけです。私も会議の中で、何度か無罪を主張したけれども、少数意見で敗れたこともあります。最高裁だって多数決でやっているでしょう？　ただし、裁判員裁判の有罪か無罪かの評議が五対四で分かれている時に安易に決を採ってしまえば、それは恐ろしいことですよね。でも、賢明な裁判長なら、評議をもう一日延ばして慎重を期すでしょうね。ぎりぎりで競っている時に簡単に決を採ったら、後で裁判員は必ず裁判所に抗議しますよ。たとえば、「評議のやり方が雑だ」という程度の批判は、必ずしも守秘義務には反しませんから。裁判長が強権的な進行をすれば批判の対象になるはずです。乱暴な評議は、裁判員制度の存続を危うくさせるだけだと思います。結果的に大部分の評議は、絶対多数決に落ち着くのではないかと見ています。

しかし、いくら時間をかけても五対四ということもあるでしょうね。長い時間をかけても四人が無罪を主張しているのであれば、私が裁判長なら、有罪の判断をしていても無罪に意見を変えますね。私だったらそうします。無罪論者を説得できない疑問が残っているとしたら、評議は無罪の方向に処理すべきだと思います」

厳罰化ムードと量刑判断の行方

――裁判員は量刑の判断にも参加します。近年の厳罰化ムードを考えれば、これまでより科刑は重くなるでしょうね。

「確かに、やや高めになるかもしれないという予想はあります。実際の裁判を見ないで、マスコミの報道だけで判断している市民の声は厳しいものがあります。ちょっとした事件でも『死刑にしろ』という意見を持ちますからね。僕の父親は教師をしていたのですが、『いまの裁判所の刑はいかにも甘過ぎる』ということをよく言っていました（笑）。悪いヤツはみんな死刑にしろ、と極端なことを言う人は少なくないですよね。それは悪に対する正義感情が強いからなんです。市民がそうなるのは被告人の悪い部分しか見ていないからです。

けれども、法廷では被告人の顔を見ます。そこには後悔の念や反省の情もあります。彼がどのような生い立ちで育ってきたかを示す証拠もあります。一方で、なぜ彼がこんな罪を犯してしまったのかという動機の問題もあります。もちろん、被告人に不利な証拠もありますが、有利な証拠もたくさん出てきます。市民が新聞やテレビには出ない事実関係を法廷で知った時に、同じ感覚で厳しい量刑判断をするかどうかは別だと思います。『被告人にも気の毒な面があったんだな』などと同情を感じてしまうのは、裁判官よりもむしろふつうの市民のほうかもしれません。果たして、裁判員裁判が厳罰化一本で動くかどうかは疑問に思います。

ただ、それでも市民の正義感情には拭い去り難いものがあります。世の中が少数の犯罪者や異端者に対する寛容性を失い、厳しい量刑を求める方向に動いているのは事実だからです。そもそも刑罰とは何でしょうか。私は無軌道な厳罰化には危惧を抱いていますが、犯罪者を処罰することで、世の中が安心するということもありますし、あまり軽ければ不安になるというのが現実だと思います。

死刑事件になると、いま多数が死刑存置を望んでいるのでしょうが、死刑反対の人がいないわけではありません。ヒューマニズムの観点から、宗教的信念から、死刑はよくないと思っている人たちだっていますよね。その人たちだって裁判員になる可能性があるわけです。テレビの前で『こんなヤツなんか死刑だ!』と怒る人も、実際に死刑事件の評議になればいろいろと逡巡しないはずはないと思うのです。それでも死刑判決が多発するようになれば、職業裁判官もいままでの量刑相場から異論を言わざるを得ないでしょうね」

——被害者の意見陳述が量刑意見にまで及んだり、犯罪被害者等の刑事裁判への参加制度の導入で、ますます厳罰化に拍車がかかるでしょうね。

「いまは、犯罪被害者の問題がピークになっていますよね。被害者の声をそのまま反映する裁判はどうなのか、ということをもう少し冷静に考える時期が来ると思いますし、来なければばならないと感じています。被害者はある意味では裁判の当事者なのです。公正な判断者ではないのです。もちろん、被害者・遺族に対して、さまざまなケアはこれからも考えていかなければなりません。ですが、裁判の場面において被害者は審判者ではなく、一方の当事者なのです。私はマスコミの人たちの対応もよくないと思っています。重大な事件では、ことあるごとに遺族の方を登場させてコメントをさせています。被害者や遺族の方であれば、当然抱いているにちがいない感情を報じるばかりでは、読者や視聴者に憎しみの感情を煽るだけだと思います」

裁判官は裁判員制度をどう見ているか

――裁判員制度を前提としてスタートした公判前整理手続について、裁判官の人たちはどう評価していますか？

「検察と弁護人双方の協力があれば、やりにくさとか問題は感じていません。公判を迅速に、効率的に進めるための大事な手続として、一生懸命力を入れてやっています。公開の法廷ではなく、法曹三者と被告人だけの場所で行われるので、裁判官の予断につながるという懸念は、特に弁護人は抱いているかもしれません。もちろん、裁判官側もそういうことがないように、十分な配慮を持って進めていると思います。争点整理をしないと、集中審理を前提とした裁判員裁判は成り立ちません。事件によっては、弁護人が証拠開示などをめぐって争う場合など、難しい局面も出てくると思います」

──裁判官と裁判員が一緒に評議することによって、裁判官がイニシアティブを握ってしまい、市民が単なるお飾りになってしまうという懸念の声が根強くあります。

「その心配はもっともでしょうね。いま、最高裁を中心に、建前ではなく本当に市民の意見を阻害しないようにするにはどうすればよいかを真剣に検討しています。評議の進行はしても、裁判員の意見についてはイニシアティブを取るようなことはしてはいけないと、裁判官としても自重した気持ちで臨もうとしています。また、そういう姿勢でなければ裁判員制度は定着しないという危機感が、裁判所にはあります。私たち裁判官が横暴な進行をしたら、裁判員をされた人たちから苦情が噴出して、裁判員制度は潰れてしまうでしょう。裁判官は謙虚に裁判員の意見を取り上げていくという立場を堅持しなければなりません。

刑事弁護を熱心にやってきた弁護士たちが期待しているのは、裁判員制度がいろいろな問題を抱えていたとしても、この期を逃したらいままでの〝調書裁判〟を変えられない、『取調べの可視化』など刑事手続の問題も進まないと思っているからでしょう。これまでのように、職業裁判官だけに任せていたらダメだということだと思います（笑）」

──裁判員制度が導入されることについて、多くの裁判官の本音はどうですか？

「最高裁が旗を振っているから、仕方なく賛成という態度を取っている人もいるでしょうね（笑）。司法への市民参加を快く思わない人、評議の席で市民を説得するのは大変だなあと面倒臭がっている人、いろんな理由から抵抗を感じている裁判官はいるでしょうね。民事裁判官のなかには、他人事のように高みの見物を決め込んでいる人たちもいますし。だからこそ、最高裁はよけいに必死なんです。裁判官たちに本音の部分で賛成してもらわなければ、この制度は失敗しますからね。いざ始まってしまえば不満も言っていられないですから、本気にならざるを得ないと思いますが……」

——傍聴席をすぐに注意したり、強権的な訴訟指揮をする人や保守的な人たちが、裁判員制度に抵抗を感じているのですか？

「そういう人もいますね。やっぱり自分がやってきたことに絶対的な自信を持っている人っているでしょう？ 自分の判断にさらに何をつけ加えようというのだ、と言わんばかりの人もいるでしょう。まあ、半数以上は積極的な賛成論者と信じたいですけどね（笑）。でも、違和感や抵抗感を持っている人が少なくないとしても、それは仕方のないことです。制度が大きく変革しようとしている時に、みんながいっせいに同じ方向に動き出すことなんてあり得ないでしょうからね。

国民の七〇％が裁判員制度に反対していると言われていますが、最初はそんなものでしょう。むしろ、責任の重さをよく理解しているからこそ消極気分になるのですから、ある意味では健全な反応だと思います。そもそも〝国民の義務〟なんてたいてい嫌われるものじゃないですか。税金や保険料だって、みんな本音では嫌々納めているんでしょうからね（笑）」

——評議の席に一般市民が加わることは、裁判官としても緊張を強いられるものなのですか？

「そりゃ緊張しますよ。けれども、裁判官も肩の荷を下ろして臨めばいいわけです。肩をいからせて『オレは二〇年間裁判官やってきたんだから、オレの考えは絶対だ。シロウトをどうやって説得してやろうか』なんて構えていたら、却ってしんどいと思いますよ。謙虚にみんなの意見を聞いて、平常感覚で真実を見つければいいんです」

——裁判員の選定にあたって、裁判官が市民を面接するわけですが、伊東判事だったらどんな人を選びますか？

「被告人や警察に対して、一方的な意見を持っている人は避けたいですね。警察はみんなムチャクチャな捜査をやるものだと思っていたり、逆に警察がまちがうわけがないと過信していたり。また、犯罪者は人間のクズであるかのような観念で凝り固まっている人は、ご遠慮願いたいですね。そういう極端な偏見さえなければ、政治的意見が右であろうと左であろうと構いません。人生経験や職歴がどうであろうと、学歴も経済力も関係ありません。多彩な経歴の人に集まって頂いて、各々の常識的な感覚で判断して、意見を言ってくれればいいのです。そこにこそ、裁判員制度の意義があるのだと信じています」

「国民」を盾にした官僚裁判の強化

土屋公献（弁護士・元日本弁護士連合会会長）

陪審制度を目指す理由

――土屋先生は陪審論者として、裁判員制度に対して厳しい意見を述べておられます。

「裁判官の独断で判決を下すのではなく、国民の意見も聞いて判断したという形式だけを整えているに過ぎません。裁判員制度は、官僚裁判をさらに強化する役割しか果たさないと思います。僕は陪審論者だけど、陪審裁判は法廷における生の供述だけを評価します。被疑者を自白させる必要もなくなります。捜査・訴追機関による密室での自白強要的な取調べ、裁判所による供述調書を主とした証拠調べ、代用監獄も残しています。そうした問題ある制度を変えない状態で、国民が裁判員として参加してくるのです。刑事手続の欠陥について少しも改善しようとせず、制度と運用のあり方にもまったく手もつけずに、いきなり裁判員制度を始めることが間違いなんです。いつまでたっても冤罪がなくならない現在の刑事裁判も悲惨な状況ですが、裁判員制度によって刑事裁判はもっと悪くなると思います。それに裁判員に任命されたら、原則的に断ることができない。『私はこの制度に反対だから』と主張しても、断る理由にはなりません」

――そこは陪審制度も同じですよね。

「強制的に任務を課すことは、徴兵制を課すことと同じで良くないという主張もありますが、私は陪審裁判が実現できるのなら、多少の強制は仕方がないと思っています。陪審制度は国民参加の義務があります。むしろ、検察官が被告人の有罪を証明できるかどうかをチェックする場なのですから、国民の権利と受け止めるべきです」

――土屋先生が司法修習生のころ、熱心な陪審論者だった青木英五郎氏が裁判教官だったんですよね。

「当時、三〇〇人が司法試験に合格して、一クラス五〇人の修習生を五人の教官が教えていたんです。刑事裁判教官、民事裁判教官、検察教官、刑事弁護教官、民事弁護教官です。青木英五郎先生は刑事裁判教官でした。硬骨漢で、どうして冤罪が起こるのか、刑事裁判官は調書に惑わされている、検事と裁判官は同じ養成のされ方をしてきているから根が同じでとかく検事に引き摺られやすい、な

土屋公献（つちや・こうけん）
1923年東京都出身。東大法学部卒。60年弁護士登録。吉展ちゃん誘拐事件、獄中歌人「島秋人」などの死刑事件を担当。戦後補償裁判の担い手として731部隊細菌戦国賠訴訟、重慶無差爆撃訴訟などで、弁護団長を務める。共著に『えん罪を生む裁判員制度』（現代人文社、2007）。
〈撮影・畠中和久〉

ど裁判教官として力説されていました。非常に多くの薫陶を受けました」

——裁判員裁判の評議が多数決で決まることも問題です。

「裁判長が、裁判員を手なづけるのは簡単なことです。これまで合議体でも裁判長が孤立して、二人の陪席の意見が通るということはまずあり得ません。判断はほとんど三人一致しているんですが、二対一に割れることもあります。そういう時は、裁判長は必ず二の側に入っているものなんです。これはもう出世に影響しますから、なるべく裁判長の意見に与しようという裁判官が多いからです」

——特に死刑事件の場合、多数決で判断していいのかと思います。

「裁判員制度では控訴もできます。控訴審では、また官僚裁判官に戻るわけです。特に死刑事件の場合、控訴審ではまず覆ることはありません。裁判員制度がいまのままの欠陥だらけの制度では必ず失敗に終わるし、その間に死刑判決なんかされたらたまったものではない」

——裁判員制度には「取調べの可視化」が不可欠だと思います。

「取調べの一部だけではなく、被疑者が始めに否認している時から全過程を録画・録音すべきです。自白調書がすべての災いのもとになっています。おそらく、裁判員法廷の場面では決まりきったことを儀式的にやるだけでしょう。それらを証拠決定する公判前整理手続には、裁判員は臨席しない。国民にあまり負担をかけたら申し訳ないというのが理由なのでしょうが、ならば最初から調書を抜きにして、法廷における被告人や証人の生の供述だけで裁判員が判断して有罪・無罪を決めるようにすればいいのです。官僚裁判の一番悪いところをそのまま残して、芝居がかったことを法廷でやらせるだけです」

予断による量刑誘導

——二〇〇八年末までには「犯罪被害者等参加制度」も始まり、被害者の意見陳述が裁判員の量刑判断に影響するのではないか、と懸念されています。

「被害感情を証言するために証人として出廷するのならいいですが、当事者として参加してきます。量刑にまで意見が言える。被害者が当事者として参加する制度によって、素人の裁判員は同情してしまいがちです。量刑が苛酷になるのは目に見えています。裁判員を量刑判断までに参加させてしまうのは、致命的に悪い。被害者が検察側証人として怒りや哀しみを証言するのはいいんだけど、当事者と同じように振舞うことになると、全然立場が異なってきます。法廷は報復の〝場〟となり、刑事裁判の体をなさなくなる恐れがあります」

——市民感情は犯罪被害者に同情的です。

「被害者が救済されないじゃないか、というわけですよね。もちろん、犯罪被害者の人々は非常に気の毒で同情します。しかし、被害者の苦しみ、哀しみは仇討ちによってしか果たせないのか、とも思います。検察官は、被害者の代理人として復讐心を満足させるのが役割、という間違った認識を持っている人も相当います。私は何年か前、ある高名な検察官と酒を飲んだんですが、その方は『検事は被害者の代理人です』なんて、堂々と言っておられましたからね。刑事裁判は真犯人を見つけて、復讐するための手続きではありません。犯罪被害者を本当に救うのは、心理的ケアと経済的ケアです。不幸にしてとんでもない被害を受けているわけですから、この国の行政が手厚くケアしなければなりません。悪いことをしたら必ず捕まえて罰する、というあり方は『一〇人の真犯人を逃しても一人の無辜を罰せず』『疑わしきは被告人の利益に』という刑事裁判の本髄とされた思想を、見る見る突き崩していきます。国民の司法参加という美名でもって、十分な検討もせず裁判員制度を拙速に取り入れてしまう。陪審制とは似ても似つかない制度です」

――日弁連も当初は陪審制の導入を主張していたはずですが。

「日弁連は陪審制と法曹一元を車の両輪として、長年にわたり導入を主張してきました。けれども、全然進まない。一九六四年の臨司（臨時司法審議会）の意見書は、法曹一元は時期尚早である、弁護士経験者から裁判官の採用は現状において実現不可能として、一蹴しました。当時、この臨司意見書に対して、日弁連では相当な反対運動がありました。まして、陪審制を復活させる意図なんてさらさらありません。裁判員制度は陪審制に向かって一歩踏み出した、と評価する人もいますが、私にはそうは思えません」

——裁判員の法廷では膨大な調書は出てこなくなると思いますが、公判前整理手続では裁判官がいままでと同じように大量の証拠類に目を通してきます。

「だから、起訴状一本主義や予断排除原則とは正反対なのです。予断を持ちなさい、と言っているようなものです（笑）。密室での取調べはいくらでも誘導がきくから、被疑者や証人は記憶の微に入り細に入り、どんどん絞られて調書は相当断定的な言い方にされてしまいます。その調書が大手を振って歩いているのです。法廷で誘導質問なんかしようものなら、弁護士からすぐに『異議あり』と言われてしまうから誘導などできなくなる。主尋問に対し、反対尋問もできます。被告人や証人は法廷だからこそ、堂々と本当のことを供述できるはずなのに、裁判官はさんざん誘導されて作られた調書のほうを結局優先させてしまうのです。

被告人が法廷でいくら否認しても、供述調書のほうが理路整然と書いてあるので、そちらを信用してしまいます。法廷で調書と異なった供述をすれば、どちらを選ぶかは裁判官の自由、ということになっている。被告人の法廷での供述は支離滅裂で、調書のほうが論理的だし、しかも、事を行った直後だから調書で語った記憶のほうが事実だろう、ということにされてしまうのです」

——公判前整理手続は、そもそも被告側と検察側の公平性が担保されていません。

「公判前整理手続も公開の法廷ではなく、密室で行われています。証拠整理で弁護士が激しく抵抗すれば、裁判の迅速化に協力しないという理由で弁護士会に報告され、懲戒の申立をされかねない。処置請求や懲戒請求を受けることになります。法廷なら強く反論しても、よほどのことがない限り退廷命令を受けることはありません。弁護士も萎縮して口をつぐんでしまい、裁判官や検察官の言いなりになってしまう恐れがあります」

裁判所の違法性こそ問え

――近年、裁判官の権限が強化されてきている印象を受けます。

「〝荒れる法廷〟の時代、弁護士は裁判官と相当激しくやり合ったものです。第二東京弁護士会（二弁）に所属していた小長井良浩弁護士が七〇年に担当していた公安事件で、東京地裁の牧圭次裁判長の強権的な訴訟指揮に反発した被告人が退廷を命じられ、廷吏によって暴力的に引きずり出されたことがありました。小長井さんは強く抗議しながら、その様子を証拠としてカメラに撮ろうとして取り押さえられました。小長井さんは一五日間の監置に処せられ、拘置所に入れられたのです。そればかりか、東京地裁は所長名で二弁に対し、小長井さんの懲戒請求までしてきたのです。裁判長に対する発言や写真撮影によって、裁判の威信を著しく害したという理由です。

僕は当時、二弁の綱紀委員会で主査を務めていましたから、当日の法廷の様子を確認しなければなりません。裁判所の申立書に書いてあることを鵜呑みにするわけにはいきませんからね。法廷でのやり取りは、必ず録音されています。そこで、地裁に出向いて行って、録音の複製を要求しました。ところが、拒否されたのです。僕が『裁判官が訴えたんだから、こちらは確認しないとどうしようもないじゃないですか』と言い張ったら、『じゃあ聴くだけならいい』と言って録音テープを聴かしてくれました。けれどもザワザワしているし、一回だけ聴いただけでは内容が把握できない。テープを聴かしてくれるんだったら、複製させてくれてもいいと思うんだけど……。速記の人を連れて行こうとしたが、それもダメだという。しょうがないから、僕が聴き取ってノートに書き写した。結局、五回も裁判所に行くことになりました。録音の内容を検討すると、裁判官のほうが悪いじゃないか、という印象を受けました。弁護士が多少理屈っぽいことを言ったのは事実ですが、ことさら裁判官を侮蔑するような発言をしたわけではないし、暴力も振るっていません。綱紀委員会で議論を闘わした結果、懲戒に該当せず、として、懲戒委員会に付す必要はない、ということになったのです。すると裁判長は、今度は日弁連に懲戒請求したのです。せっかく二弁が撥ねつけたのに、日弁連は外部から来た委員が有力で、多数決によりその弁護士を、あっさり懲戒処分にしてしまったのです。いま、また弁護士の闘う権利がだんだんと狭められてきています」

——最近では、麻原控訴審弁護団の松井武、松下明夫両弁護士に対して、東京高裁が懲戒請求しています。

「二弁の綱紀委員会では二度、調査期日を開いて、請求を受けた松井（武）さんに対して委員たちが質問しました。私は松井さんの代理人として反論意見を言いました。東京高裁の控訴棄却はひど過ぎます。麻原が詐病かどうかの判断を、裁判所が依頼した、たった一人の鑑定人の意見だけで判断してしまった。その他の医師たちはみんな、この意見書に反対意見を述べているにもかかわらず、です。治療が先決なのは言うまでもなく、訴訟能力のない人を裁判にかけてはなりません。裁判所は実体審理に入るべきではなかったのに、控訴趣意書を出せと言ってきたわけです。松井さんたちが懲罰を受けるような事由ではありません。本来なら、裁判所の違法性こそ問われなければなりません。

ただ、弁護士会の綱紀委員会も時に偏ったことをやりかねないのです。弁護士というのはおかしなもので、いったん権力を持つと官僚よりもっと官僚的体質になりがちなんですね。綱紀委員会の委員というのは、裁判官的な権力を持つことになりますからね。私はかつて委員たちに『職権を用いて自ら真相を究明しようという努力も払わないで、こちらが材料を出さない限りに何もしないではないか』と逆にお説教したこともありましたよ（笑）」

――刑事弁護が制約を受け、被告人の防御権が軽視される風潮にあるように思います。

「権力に抵抗するために弁護士会の自治があるんです。その自治がいま脅かされているのです。いちいち権力に遠慮しながら、刑事弁護をやっていたのでは何もなりません。弁護士会は権力の監督を受けず、独立した組織でなければならない。だから、弁護士会は強制加入になっているんです。弁護士会に加入しなければ、弁護士活動はできないことになっている。権力の余計な介入を受けないためにも、弁護士会はけしからん弁護士を自分たちで罰しているのです。何がけしからんかが問題なのです。

戦争中は軍国主義が跋扈し、『戦争反対』なんて口が裂けても言えなかった。そういう反戦的な発言をした人間は、法廷で裁かれることになります。その人の弁護をする弁護士は、当然、弁論のなかで相当激しい言葉を使うことになります。そうすると弁護士が懲戒されてきたのです。弁護士自治がない時代で、検事が懲戒の申立をして、いまの高等裁判所にあたる控訴院で決めていたのです。弁護士が権力の監督下でしか活動できない、暗い時代が長く続いた。戦後になって、ようやく弁護士自治を獲得し、弁護士法もできました。自由と自治を守ることは、時に権力と対峙することにもなります。

いま、また弁護士自治が奪われそうになっています。弁護士会に任せていたら、けしからん弁護士がなかなか罰せられないじゃないか、と。麻原控訴審の弁護士たちに対して、裁判所はそう言ってきているのです。弁護士会には任せておけない、弁護士会以外のところで監督しないといけない、弁護士自治なんてとんでもない、そんな風潮に傾きつつあります。例えば、依頼者のお金を着服なんかした場合は、当然、弁護士会で罰せられますよ（笑）。そうではない、裁判所に抵抗する、信念を貫く弁護士が標的にされているのです。日本の司法は再び、言論統制の時代に入ろうとしているのです」

あとがき

本書は、「司法変質」と題して月刊『現代』に短期連載した記事をベースとしている。第2章から第5章までは、「現代」の二〇〇六年七～一〇月号の四回分の記事を大幅加筆したものである。当時、取材のきっかけとなったのは、裁判員制度に関する問題意識というよりも、行政訴訟で民の側がなかなか勝てない現状への疑問だった。たとえ一審が〝画期的〟な判決を出しても上級審でことごとく覆されていることが、司法に対する不信感をいっそう募らせることになった。

すでに司法改革の掛け声は喧《かまびす》しく、裁判員制度についても広報活動が活発化し、タウンミーティングや模擬裁判が開催され、各種出版物や映画、ＤＶＤが製作された。しかし、その実態は枯木も山の賑わいで、多くの優先されるべき課題は取り残されたままであった。

司法の改革とは、その実、司法の変質に過ぎなかった。そして、裁判員制度のスタートとともに崩壊へと向かうのだろうか。

司法というテーマはどちらかと言えばとっつきにくく、読者ウケするとも思えない。にもかかわらず、あえて取材・執筆する機会を与えて下さった月刊『現代』の高橋明男編集長と青木肇氏に深く感謝したい。また、連載にあたって最も頼りとしたのは青山学院大学法科大学院の宮澤節生教授だった。宮澤先生からは的確なアドバイスを頂いたうえに、多くの法律家の人々を紹介して下さった。陪審制に関心を抱くきっかけとなったのは、作家・伊佐千尋氏の著書『裁判員制度は刑事裁判を変えるか』（現代人文社、二〇〇六）だった。

取材にあたって、多くの関係者の方々に貴重なご意見や資料を提供して頂いた。心よりお礼を申し上げたい。特に、石松竹雄、伊東武是、土屋公献各氏のインタビューは長時間に及び、ご負担をおかけした。伊東裁判官は、本書が裁判員制度に批判的なスタンスになることを知ったうえで引き受けて下さったのである。

WAVE出版の中島雅一氏には、連載記事を一冊の本としてまとめる機会を与えられたのだが、私の生来の怠け癖は御し難く、氏の人柄が温厚なのをいいことに原稿の執筆をズルズルと先延ばしにしてきた。私のせいではないと思うが、流行遅れのインフルエンザにも罹患し、病床から進捗状況を尋ねてくることさえあった。何とか脱稿できたのは、中島氏の熱意と励ましのおかげである。ここに深謝したい。

アメリカ映画『評決』で、ポール・ニューマン扮するギャルビン弁護士が、パブで出会った女性ローラにこう語るシーンがある。

「〝裁判なんか信用できない〟と思っている連中が、陪審員席に一歩入ると、目がこう訴え始める。〝もしかしたら、もしかしたら……、正義を行えるかも〟と」

司法崩壊

あなたが裁判員を強いられる理由

二〇〇八年五月一日　第一版第一刷発行　定価（本体一五〇〇円＋税）

［著　者］亀井洋志
［発行者］玉越直人
［発行所］WAVE出版
〒一〇二―〇〇七四　東京都千代田区九段南四―七―一〇
電話　〇三―三二六一―三七一三
ファックス　〇三―三二六一―三八二三
振替　〇〇一〇〇―七―三六六三七六
E-mail：info@wave-publishers.co.jp
http://www.wave-publishers.co.jp

［印刷・製本］ワイズ

©KAMEI Hiroshi 2008 Printed in Japan
落丁・乱丁本は小社送料負担にてお取替え致します。
本書の無断複写・複製・転載を禁じます。
ISBN978-4-87290-345-4